社会安全
风险分析方法概论

胡啸峰　申世飞　著

清华大学出版社

北京

内 容 简 介

本书从社会安全的概念、分类、典型事件入手,详细阐述了社会安全风险的内涵,提出了社会安全风险分析的框架。通过方法论述和案例分析,介绍了基于专家知识的方法、基于情景分析的方法、基于动力学演化的方法、基于数据挖掘的方法共四大类社会安全风险分析方法,每一大类方法中包含了若干种可供单独使用或组合使用的方法。本书结合实际问题对方法的应用进行了说明,以期为读者的相关工作、学习提供参考。

本书可供社会安全领域的研究人员作为学术参考,也可供政府部门及公安机关的相关工作人员作为工作参考,亦可作为社会安全领域研究生学习的参考书。

图书在版编目(CIP)数据

社会安全风险分析方法概论/胡啸峰,申世飞著.—北京:清华大学出版社,2021.1(2024.8重印)
ISBN 978-7-302-56834-6

Ⅰ.①社… Ⅱ.①胡… ②申… Ⅲ.①社会管理－风险分析－分析方法－研究 Ⅳ.①C916

中国版本图书馆 CIP 数据核字(2020)第 225200 号

责任编辑:朱红莲
封面设计:傅瑞学
责任校对:赵丽敏
责任印制:曹婉颖

出版发行:清华大学出版社
　　　　网　　　址:https://www.tup.com.cn,https://www.wqxuetang.com
　　　　地　　　址:北京清华大学学研大厦 A 座　　　　　　邮　　编:100084
　　　　社 总 机:010-83470000　　　　　　　　　　　　邮　　购:010-62786544
　　　　投稿与读者服务:010-62776969,c-service@tup.tsinghua.edu.cn
　　　　质量反馈:010-62772015,zhiliang@tup.tsinghua.edu.cn
印 装 者:天津鑫丰华印务有限公司
经　　销:全国新华书店
开　　本:185mm×260mm　　　印　张:7.5　　插 页:2　　字　　数:186 千字
版　　次:2021 年 1 月第 1 版　　　　　　　　　　　　　印　　次:2024 年 8 月第 4 次印刷
定　　价:29.00 元

产品编号:074187-01

前　言

　　社会安全是国家安全的重要保障。在我国当前的新环境与新形势下,社会安全问题表现突出。2013 年的"金水桥"事件为首都的社会安全风险防控敲响了警钟,2014 年的"昆明暴恐"事件则呈现了远距离、跨地域的暴力恐怖威胁,对公安部门的安防、侦查与犯罪打击能力,以及应急管理部门的应急管理能力提出了严峻的考验。

　　社会安全事件,尤其是以恐怖袭击、重大刑事犯罪、重大群体性事件等为代表的典型重、特大社会安全事件,普遍呈现出了较高的突发性与不确定性、承灾载体的高度脆弱性、风险防范的高度复杂性等显著特点,反映了当前严峻的社会安全形势。因此,对社会安全事件进行客观、有效、及时的风险分析,将为预防措施、应急预案的制定提供有力的依据。

　　社会安全风险分析方法种类繁多,应用领域与应用范围各异。作者基于多年来在公共安全和公安技术领域的研究探索,对社会安全风险分析方法进行了深入思考、整理和归纳总结,完成此书,并希望借此书,与关注社会安全的各领域专家、学者以及公安和应急管理部门的实战人员、管理人员等,交流和分享对社会安全风险分析方法的思考。

　　本书内容共分为 5 章。第 1 章主要介绍社会安全的概念、分类、典型事件,阐述社会安全风险的内涵,概述社会安全风险分析的框架和主要方法;第 2~5 章分别向读者介绍基于专家知识、情景分析、动力学演化和数据挖掘的社会安全风险分析方法,每章均以方法介绍和举例分析的形式向读者介绍不同类型的社会安全风险分析方法,结合实际问题对方法的应用做出说明,使读者更容易理解。

　　书中或有不妥之处,恳请广大读者批评指正。愿借本书为我国公共安全科技与公安技术的发展作出微薄贡献!

作　者

2020 年 12 月

1

社会安全风险分析概述

1.1 社会安全

1.1.1 社会安全概念

社会安全是指：“由特定人员、组织蓄意引发或制造的（或由其他突发事件间接触发的）刑事犯罪、恐怖袭击、群体性事件等突发事件的风险，在公安、应急管理等政府组织和相关的非政府组织所采取的预防、保护、响应等措施下，处于可接受水平的社会状态。”

社会安全曾经是一个被普遍感知、广泛应用却未被严格界定的概念。对社会安全的认识，常源于其概念的补集，即关于“社会不安全”的认知，“社会安全”一词常被理解为一种社会的状态。例如，在恐怖袭击发生时，人们所直接感受到的社会混乱、脆弱乃至动荡等不安全状态，即“社会不安全”，那么与之相反的状态，即“社会安全”。

社会安全具有不同的概念来源和解释。英文中的 social security 和 societal security 均被翻译为“社会安全”，但是内涵具有一定的差异。

在欧洲，social security 常被理解为社会文化的稳定状态。哥本哈根安全研究学派认为，社会安全（social security）是“语言、文化和宗教的传统模式以及民族认同和习俗的发展变化处于可接受、持续的状态”[1]。相反，上述传统模式、民族认同和社会习俗等要素的发展变化处于不可接受、不可持续甚至失控的状态，则被认为是一种“社会不安全”的状态。可见，哥本哈根学派主要从社会文化的视角研究社会安全的概念。社会安全具有不同的层次，包括但不仅限于个体、群体、国家等层次[2]。哥本哈根学派定义的社会安全（social security）主要为群体和国家层次的社会安全。

在美国，social security 的概念常应用于保险行业。social security 见于养老、幸存者及伤残保险程序，也可以理解为社会保障，是对个人在社会中的一种安全保障。自 1935 年，罗斯福总统（Franklin D. Roosevelt）签署社会保障法（*social security act*）开始，绝大多数的美国永久居民和临时（工作）居民，均拥有一个由 9 位数字组成的社保号（social security number，SSN），而 SSN 除用于最初的社会保障用途，当前也作为身份识别标签，用于征税等用途。因此，保险视角下的社会安全主要关注个体层次。

societal security 的概念则见于国际标准 ISO-22300，即“社会安全-术语”（societal

security-terminology)。societal security 被定义为"在由蓄意或非蓄意的人员行为、自然灾害和技术故障导致的突发事件下,对社会采取的保护措施及对事件采取的响应措施"(protection of society from, and response to, incidents, emergencies and disasters caused by intentional and unintentional human acts, natural hazards, and technical failures)。这个概念中,涉及了社会安全问题、社会安全事件、社会安全措施三个要素。社会安全问题,既包括了人为蓄意造成的问题,如涉恐问题、涉毒问题等,也包括了由非蓄意的人员行为、自然灾害和技术故障间接导致的社会安全问题。社会安全事件,是在社会安全问题的作用下,在一定的触发条件下形成的突发事件或灾难,如群体性事件、恐怖袭击事件、刑事案件等。社会安全措施,包括了对社会的保护措施和对事件的响应措施。当社会安全问题引发的社会安全事件的影响范围和影响程度达到一定阈值,并且没有采取有效的、充足的社会安全措施时,则可能造成社会安全状态的变化,即由"社会安全"转变为"社会不安全"状态。可见,在这个概念(即 societal security)中,隐含了"社会安全状态"这一要素。societal security 主要关注的是国家层次的社会安全。

在我国,古代的社会安全多紧密关联于政治安全与军事安全。例如,由农民起义造成的社会状态由安全向不安全的转变,基本可以认为是政治安全与军事安全的伴随状态。

现代意义上的社会安全的概念多来源于社会科学领域,常被划分为广义和狭义两个范畴。广义的社会安全指的是"整个社会系统能够保持良性运行和协调发展,而把妨碍社会良性运行与协调发展的因素及其作用控制在最小范围内"的一种状态;狭义的社会安全指的是"社会保障体系的建立"或者"除经济子系统与政治子系统之外其他社会领域的安全"[2-4]。

国家安全和公共安全视角下,社会安全是国家安全和公共安全的重要组成部分。《中华人民共和国国家安全法》第三条明确指出"国家安全工作应当坚持总体国家安全观,以人民安全为宗旨,以政治安全为根本,以经济安全为基础,以军事、文化、社会安全为保障,以促进国际安全为依托,维护各领域国家安全,构建国家安全体系,走中国特色国家安全道路"。由此可见,社会安全是国家安全的保障之一。

社会安全也是公共安全的重要组成部分。《中华人民共和国突发事件应对法》将突发事件定义为自然灾害、事故灾难、公共卫生事件和社会安全事件四种类型。2016 年,国务院颁布的《特别重大、重大突发公共事件分级标准》中,社会安全事件具体包括了群体性事件、金融突发事件、涉外突发事件、影响市场稳定的突发事件、恐怖袭击事件、刑事案件共六种类型。对不同类型的社会安全事件,《特别重大、重大突发公共事件分级标准》给出了"特别重大""重大"等级别的界定标准。

综上,在不同国家、地域,在不同的政治、经济、文化背景下,社会安全有着不同的概念、内涵与理解范畴。本书提出的社会安全概念,即"**由特定人员、组织蓄意引发或制造的刑事犯罪、恐怖袭击、群体性事件等突发事件的风险,在公安、应急管理等政府组织和相关的非政府组织所采取的预防、保护、响应等措施下,处于可接受水平的社会状态**",首先立足于我国国情,是在对我国面临的主要社会安全问题、事件进行归纳、总结的基础上提出的,可以应用于社会安全风险防控、应急管理等领域的研究、管理等工作中。

1.1.2 社会安全分类

社会安全具有不同的分类方式,最常见的是:①按照问题类型和触发要素类型的分类,

②按照事件类型的分类,③按照问题影响程度或事件严重程度的分类。本书探讨的社会安全分类,主要以 2016 年国务院颁布的《特别重大、重大突发公共事件分级标准》为依据,同时参考了部分公安实战人员和相关领域学者的观点[5-7]。

(1)按照问题类型和触发要素类型的分类

按照事件触发要素的类型,社会安全可以分为社会要素触发类和非社会要素触发类。

从问题类型来看,影响社会安全的问题来源纷繁复杂,例如,涉恐问题、群体性事件问题、黄赌毒问题、非法上访问题、医患纠纷问题、涉黑问题、贪腐问题等,均可能触发社会安全事件,造成社会的不稳定,甚至出现社会动荡。以上问题具有一个共同特征,即触发要素均属于社会要素,以蓄意或非蓄意的人或组织的语言、行为作为触发条件。

社会安全问题也可能由非社会要素触发,例如,自然灾害、事故灾难、公共卫生事件也可以间接导致社会安全问题,"2008 雨雪冰冻灾害""2011 福岛核事故""2003 非典事件"均在不同程度上造成了社会的不安全和不稳定状况,引发了不同程度的次生社会安全事件。

(2)按照事件类型的分类

按照事件类型,社会安全事件可以划分为常规事件类和非常规突发事件类。

常规事件是平时经常发生的、有固定处置流程和管理机制的、危害和影响通常较低的事件。非常规突发事件则主要是不经常发生的、必须采用应急处置机制的、危害和影响通常较高的事件。

常规社会安全事件可以分为治安案件和刑事案件两大类。治安案件包括了侵犯财产、扰乱秩序、侵犯公民人身权利等事件,通常不会引起较大的社会影响和社会问题。刑事案件则包括了故意伤害、蓄意杀人、抢劫、抢夺、入室盗窃、非法融资等事件,对社会安全可造成较大影响。

非常规突发社会安全事件主要包括群体性事件、金融突发事件、涉外突发事件、影响市场稳定的突发事件、恐怖袭击事件。非常规突发社会安全事件通常影响较大,容易造成严重的社会不安全状态,有时甚至对国家安全、政治安全、经济安全和军事安全产生进一步的影响。

(3)按照问题影响程度或事件严重程度的分类

突发社会安全事件可以划分为特别重大、重大、较大和一般四个级别。

不同的事件类型具有不同的划分标准。例如,群体性事件通常根据参与人数、造成威胁的目标类型、行为的严重程度等划分级别,"一次参与人数 5000 人以上,严重影响社会稳定的事件""冲击、围攻县级以上党政军机关和要害部门,打、砸、抢、烧乡镇以上党政军机关事件"等 10 种类型的事件属于特别重大群体性事件,"参与人数在 1000 人以上,5000 人以下,影响较大的非法集会游行示威、上访请愿、聚众闹事、罢工(市、课)等,或人数不多但涉及面广和有可能进京的非法集会和集体上访事件"等 8 种类型的事件则属于重大群体性事件。恐怖袭击事件通常根据实施途径、武器类型、袭击规模、后果严重程度等划分级别,例如,"利用生物制剂、化学毒剂进行大规模袭击或攻击生产、贮存、运输生化毒物设施、工具"等 7 种恐怖袭击事件属于特别重大的恐怖袭击事件。突发社会安全事件的具体分类情况详见《特别重大、重大突发公共事件分级标准》。

刑事案件往往根据伤亡人数、涉案金额等,视情节严重程度而划分级别。例如,"一次造成 10 人以上死亡的杀人、爆炸、纵火、毒气、投放危险物质和邮寄危险物品等案件,或在公共场所造成 6 人以上死亡的案件,或采取绑架、劫持人质等手段,造成恶劣社会影响或可能造成严重后果的案件"属于特别重大刑事案件;而"一次造成公共场所 3 人以上死亡,或学校内发生的造成人员伤亡、危害严重的杀人、爆炸、纵火、毒气、绑架、劫持人质和投入危险物质案件"则属于重大刑事案件。具体分类情况见《特别重大、重大突发公共事件分级标准》。

1.1.3　社会安全事件

如 1.1.2 节所述,社会安全事件既包括常规事件,如治安案件、刑事案件等,也包括突发事件,如突发群体性事件、恐怖袭击事件等。我国当前新环境与新形势下,社会安全问题表现突出,社会安全事件严重威胁着政治、经济、社会的稳定与健康发展,威胁着人民群众的生命与财产安全,尤其是近年来突发社会安全事件的接连发生,使得社会安全总体形势日趋严峻。

社会安全事件,尤其是以恐怖袭击、重大刑事犯罪、重大群体性事件等为代表的典型重、特大社会安全事件,普遍呈现出了较高的突发性与不确定性、承灾载体的高度脆弱性、风险防范的高度复杂性等显著特点,反映了当前严峻的社会安全形势。

本节以刑事案件、群体性事件、恐怖袭击事件为例,介绍社会安全事件的特点。

(1) 刑事案件

刑事案件包括但不限于杀人、爆炸、纵火、毒气、投放危险物质、邮寄危险物品、绑架、劫持人质、走私、抢劫、抢夺、强奸、盗窃、制毒、贩毒等。刑事案件种类繁多、特点各异,其发生、发展往往受到多种要素的影响。

经典犯罪学理论提出了对犯罪产生影响的多种要素,同样可以理解为影响刑事案件的要素。

根据日常活动理论(routine activity theory)[8],影响犯罪的主要因素为:①具有犯罪能力的潜在主体,②合适的目标或受害者,③保卫人员与保卫能力的缺失。犯罪形态理论(crime pattern theory)[9]则指出,特定的空间环境会对犯罪产生影响。例如,该理论指出,犯罪发生地(crime generator)存在有利于犯罪发生的时空要素,容易形成高密度的犯罪活动,如购物广场、停车场等,犯罪吸引地(crime attractor)所在空间的犯罪人和犯罪目标高度集中,容易创造出大量的犯罪机会,或对犯罪人有较大的吸引性,如红灯区、酒吧、迪厅等。

除了空间环境外,气象环境对犯罪的发生也会产生影响。例如,Hsiang 等[10]在《科学》(Science)中撰文指出,温度或降水每升高一个标准差,则对应着暴力犯罪或暴力冲突升高 4%～14%。Mares 和 Moffett[11]则在最近的研究中发现,年平均温度每升高 1℃,则杀人案件平均升高 6%。气象环境对犯罪的影响具有多种解释,其中负面情绪逃避(negative affect escape,NAE)理论[12]的解释被经常引用。该理论认为,暴力犯罪之所以随温度的增长而增多是由于温度的升高导致了人在机体上的不舒适感增加。而随着温度的持续增高,乃至超过了某个阈值后,犯罪率反而下降,这是因为犯罪嫌疑人由于温度过高而造成了极度的不舒适,其脱离此环境的动机已超过实施暴力犯罪的动机和倾向,进而造成犯罪率的降低。

由于环境因素对刑事案件率的影响,刑事案件的发生往往呈现出一定的季节性[13]。

(2) 群体性事件

群体性事件是由多人聚合的、以满足某种特定需求为目标的、影响社会秩序和社会稳定的社会安全事件。

群体性事件有时会伴随暴力行为甚至暴力冲突,这类事件往往发生突然,前兆不明显,但经常会在特定的环境下引发人群的大规模聚集,并迅速地向群体暴力事件转化[14]。群体暴力事件是国内外均面临的一类非常规社会安全事件,一旦爆发往往会造成较为严重的后果,例如,2011 年发生在伦敦、伯明翰、利物浦等地的群体暴力事件,以及 2013 年发生在莫斯科的群体骚乱事件等[15]。

随着我国转型期社会的发展,群体性事件逐渐呈现出高发的态势,并表现出了较为复杂的特征[16]。

群体性事件发生的原因很多,包括但不仅限于官民矛盾、商民矛盾、劳资矛盾等。按照发生原因,群体性事件可以分为两类:一类事件源于社会个体之间的摩擦和冲突,经过特定环境下的发展和放大后,演变为群体性事件,如瓮安事件、池州事件、万州事件、南宁事件等;另一类则源于环境污染、土地纠纷等集体性社会问题、经济问题,导致相关人群进行示威、抗议等活动,活动进一步演变、升级后,形成群体性事件,如通钢事件、陇南事件等。上述事件虽然起因各不相同,但发展、演化结果具有相似性,均发展成为了大规模群体性冲突,如打、砸、抢、烧等暴力事件[16-17]。

（3）恐怖袭击事件

20 世纪 70 年代以来,全球恐怖袭击数量急剧上升,尤其是 2001 年美国的“9·11”事件发生后,恐怖袭击事件的数量更是呈现指数增长的趋势。据全球恐怖主义数据库（global terrorism database，GTD）[18-19]统计,1970 年以来,全球发生的恐怖袭击事件超过 17 万起,几乎成逐年指数上升的趋势,仅在 2015 年后数量有所回落,死亡人数超过 38 万人。

全球恐怖袭击热点自 1970 年至今,也发生了明显的分布变化。从 GTD 的统计来看,全球恐怖主义事件发生的热点主要集中于三个区域:①欧洲:英国、西班牙、意大利一带;②美洲:北美洲的萨尔瓦多及南美洲的哥伦比亚、秘鲁、智利一带;③亚洲:伊拉克、阿富汗与巴基斯坦边境一带。20 世纪 70 年代,恐怖袭击热点主要分布于上述的欧洲区域;80 年代,热点由欧洲区域向美洲区域转移;90 年代,欧洲区域的热点重新出现,而美洲区域的热点则仍然存在,此外,亚洲的巴基斯坦出现了新的热点分布;到了 21 世纪,2000—2019 年,热点比较集中,仅出现于亚洲的伊拉克和阿富汗与巴基斯坦边境区域。亚洲地区的恐怖主义蔓延,很大程度上造成了我国西部边境的恐怖主义风险上升。

在美国“9·11”事件后,以常规炸弹、轻武器等常规武器为主要工具的传统恐怖主义正在向以大规模杀伤性武器为工具的超级恐怖主义类型转换,核生化恐怖主义即是其中最重要的几个类型。全球恐怖主义数据库中的数据显示,与传统的、常规的轻武器袭击、爆炸恐怖袭击等形式相比,核生化恐怖袭击活动发生的频率并不高,但是,从发展态势来看,核生化恐怖袭击活动的总量在近年来却呈现出了明显的上升态势。目前,世界已知的 200 多个恐怖组织中,多数具备制造化学、生物恐怖的能力。化学恐怖适用于不同恐怖目的和规模,并因其材料易得、效能显著、实施便利、防救困难等特点,成为核生化恐怖袭击活动中使用频率最高的一种。美国国土安全部资助出版的《1950—2005 年全球核生化袭击事件》统计,55 年中全球共发生了 423 起核生化恐怖袭击事件,其中化学恐怖袭击事件为 239 起,占56%[20]。生物恐怖袭击的隐蔽性极强,生产、携带和释放过程是最难于探测发现的,生物剂种类繁多、来源广泛、感染途径多样,因此,其发生的可能性也不可低估。核恐怖袭击活动发生的可能性则随着核科学在军民两用领域的普及大幅提高,例如,放射性“脏弹”是一种使用非裂变放射性材料结合常规炸药制造的放射性扩散装置,制造方法非常简单并容易被恐怖分子获取,采取放射性"脏弹"来袭击一些人员密集地区的难度也要比攻击核设施的难度小,因此放射性"脏弹"事件就成为了最值得关注的核恐怖事件。2010年4月,首届核安全峰会通过公报,确认各国愿共同行动防范核恐怖主义,2012年和2014年的第二届和第三届核安全峰会中,也分别将减少核恐怖主义威胁、防范核恐怖主义、加强核安全等作为主题,其目的就是防止核恐怖袭击的发生。

核生化恐怖袭击具有多元化的破坏能力,对人类的生命、生存环境及社会和心理均存在巨大威胁。1995年3月20日,奥姆真理教的邪教组织人员在日本东京地铁三线共五列列车上释放沙林毒气,共造成了13人死亡及5510人以上受伤,并造成了巨大的社会影响。车臣恐怖分子则分别在1995年、1999年和2000年分别制造了多起化学恐怖袭击事件,造成了重大的人员伤亡和社会恐慌。2001年,美国发生的数起邮件携带炭疽芽孢杆菌粉末的恐怖事件,导致5人死亡,16人感染,而其社会恐慌对美国邮政业造成了约数亿美元的损失。核生化恐怖袭击除了可以造成重大人员伤亡以外,其对社会稳定、政府公信力和群众心理所造成的恐怖影响则更为可怕。例如,生物恐怖袭击中传染性较强的病原体,多具有极高的生物毒性和可传播性,很容易引发大范围的次生公共卫生事件,其导致的人员伤亡和间接经济损失很有可能大于原生事件本身。再例如,核恐怖袭击中的一些长半衰期元素,其影响有的长达数十年(如常见的^{137}Cs,半衰期为30.1年)甚至数百年,其对空气、水体、土壤的污染将会直接对当地几代人的生活和心理健康产生影响,甚至进而威胁到整个国家。

各种类型的恐怖袭击已经成为人类和平发展与安全生活的重大威胁。"天安门金水桥事件"与"昆明火车站暴恐事件"的发生,也对我国的反恐防暴工作提出了新的挑战。近年来,我国暴力恐怖活动进入了新一轮活跃期,目前已呈现出暴恐频发态势,在新疆(尤其是南疆一带)等部分地区,恐怖袭击数量多,且发生地域相对集中,使得恐怖主义成为了危害社会安全最为严重的风险来源,引起了政府和人民的高度重视。

针对全球新形势下的恐怖主义形势以及我国的具体国情,需要研究恐怖袭击事件的风险源和要素特征、风险演化规律,通过监测、预测等手段加强预防工作的主动性,从而提出有效的、积极的预防策略,使预防关口前移,实现对恐怖袭击事件的有效防控和精准处置。

1.2　社会安全风险

国际标准 ISO Guide 73：2009 指出,风险是"目标的不确定性效应"(effect of uncertainty on objectives)。风险经常表达为"事件后果及发生可能性的组合"(a combination of the consequences of an event and the associated likelihood of occurrence)。

社会安全风险可以定义为社会安全事件造成的后果及其发生的可能性,即

$$R = F(P, C) \tag{1-1}$$

其中,R 为风险;P 为社会安全事件发生的可能性;C 为社会安全事件造成的后果。对社会安全事件发生可能性及其造成的后果进行的分析即为社会安全风险分析。

然而,社会安全风险与其他类型的安全风险相比具有一定的特殊性,例如,一个自然灾害事件的风险可以看作是事件发生的概率与可能的后果的函数,而事件发生的概率 P 与可

能的后果 C 之间没有必然联系。社会安全事件与自然灾害事件在风险结构上的一个不同点在于,事件发生的概率与事件可能的后果之间存在耦合关系,即概率 P 是一个关于后果 C 的函数。这一耦合关系存在的关键就在于发动事件的攻击者可以根据事件的期望后果和被攻击系统的脆弱性来调整对某个潜在目标的攻击概率。基于此特殊性,社会安全的风险描述常常采用另一种框架。

2007 年 4 月,美国国土安全部(Department of Homeland Security,DHS)发布了一个用于美国范围内化工设施恐怖袭击(同样适用于其他社会安全事件)风险分析的安全标准(RAMCAP™),该标准中,风险定义为关于威胁(threat)、脆弱性(vulnerability)和后果(consequence)的函数,即

$$R = TVC \tag{1-2}$$

其中,威胁 T 为事件发生的概率;脆弱性 V 为事件发生且造成损失的概率;后果 C 为事件发生且造成损失时的期望损失,如式(1-3)所示。该框架被广泛应用于对恐怖袭击等社会安全事件的风险分析。

$$\begin{cases} T = P\{事件发生\} \\ V = p\{造成损失 \mid 事件发生\} \\ C = E\{损失 \mid 事件发生且造成损失\} \end{cases} \tag{1-3}$$

影响社会安全风险的要素很多,通常包含:风险源要素、环境要素和防御要素三个主要方面。"风险源"主要是指蓄意制造社会安全事件的人员和组织,例如,恐怖组织和恐怖分子、非法上访人员、犯罪分子等。"环境"既包括自然环境,也包括社会环境,如城市交通、建筑环境、重点防卫目标分布、经济与人口状况等。"防御"指的是公安、应急管理等预防主体,其对社会安全风险有预防、控制和降低作用,通常可视为"风险补偿"(risk compensation)要素。

以上要素共同决定着社会安全风险的威胁、脆弱性和后果,研究风险要素与风险之间的相关关系与因果关系,建立定性与定量的描述方式,从而分析威胁、脆弱性和后果,是社会安全风险分析的主要任务。

社会安全风险分析中,需要考虑"人"的有限理性决策偏好和行为偏好对风险的影响,也就是说,事件发生的可能性与制造事件的人员决策及行为偏好有关。以炸弹袭击为例,恐怖分子在什么时间、什么位置、选择什么武器、针对什么目标发动袭击并不是一个随机事件,因此,简单的通过历史数据的统计而进行威胁性分析,得到事件发生的概率,往往不具有可信度,恐怖分子往往会选择容易成功实施且可能造成严重后果的时空节点来进行攻击。因此,脆弱性分析、后果分析与威胁性分析三者之间并不是独立的关系,在理性决策的前提下,脆弱性与后果这两个要素与威胁是正向相关的。

1.3　社会安全风险分析方法

风险分析方法通常被划分为定性、定量和半定量的方法。本书介绍和讨论的方法以定量和半定量的方法为主。

来源于不同学科、专业和不同研究领域的方法被广泛应用于社会安全事件的风险评估与预测、预警、预防等实际工作和相关研究中。

综合考虑方法类型和适用的场景、范围、目标,将社会安全风险分析方法分为:①基于

专家知识的方法；②基于情景分析的方法；③基于动力学演化的方法；④基于数据挖掘的方法。图1-1所示为社会安全风险分析方法的分类。

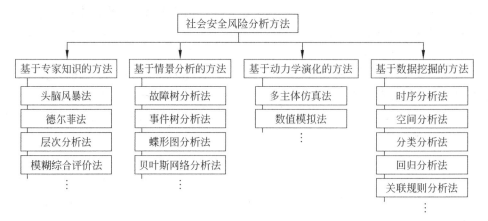

图1-1　社会安全风险分析方法的分类

由图1-1可见，在社会安全风险分析中，应用到的数据主要包括经验数据、记录数据、模拟数据三大类。基于专家知识的方法主要应用的是经验数据，基于情景分析的方法主要应用的是经验数据和记录数据，基于动力学演化的方法主要应用的是模拟数据，基于数据挖掘的方法主要应用的是记录数据。

（1）经验数据

经验数据指的是由专家根据自身知识、研究或业务经历，依据实际场景，经过思考、研判而得出的经验判断数据，该类数据在风险评估中广泛使用。经验数据通常具有主观性，与专家自身经历、水平、能力、偏好等要素关系密切，容易造成风险评估结果与实际情况间的偏差，从而影响风险评估结果的实际应用效果。但同时，经验数据也往往经历了业务专家、行业专家、技术专家的知识加工，对特定任务可能具有较高的附加价值。在记录数据和模拟数据不足时，经验数据往往被大量使用，弥补数据资源的不足。

（2）记录数据

记录数据指的是根据人、地、事、物、组织的实际情况，由人员、信息化系统、物联网传感设备等进行记录、存储而得到的数据，通常被理解和表述为大数据。记录数据的客观性较高，数据来源广。在应用中，记录数据通常由跨网络、跨系统的数据源汇聚、融合而成，形成多源异构数据集，可以支撑基于数据挖掘的风险分析方法。以某特定人员的记录数据为例，既包括警情、案事件数据，也包括话单数据、移动终端定位数据等。多源异构数据的融合为风险分析模型适用场景的拓展提供了可能，也为自适应模型的建模提供了支撑。

（3）模拟数据

模拟数据指的是利用动力学演化方法，通过对社会安全事件的演化模拟而得到的数据，例如，基于多主体仿真方法涌现出的风险演化结果数据。对于恐怖袭击、大型群体性事件等偶发社会安全事件，由于记录数据（尤其是历史数据）较少，对事件风险的认识往往不充分，通过特定场景的动力学演化模拟得到的数据，则可以作为对专家经验数据和记录数据的补充，用于风险建模。

1.3.1　基于专家知识的方法

基于专家知识的方法主要通过对风险要素的分析,获取专家的知识、经验作为数据,实现对社会安全风险的分析。基于专家知识的方法包括头脑风暴法、德尔菲法等定性分析方法,以及层次分析法、模糊综合评价法等半定量、定量方法。基于专家知识的方法主要应用于静态的或更新频率要求不高的社会安全事件风险分析,通常也用于记录数据不足、模拟数据可靠性不高的情况。基于专家知识的方法可以组合使用,也可以与其他方法配合使用。

1.3.2　基于情景分析的方法

基于情景分析的方法通常应用于社会安全事件中因果关系、伴随关系相对显著的情景,例如,可以应用于重点部位大型活动期间特定类型群体性事件的风险分析。基于情景分析的方法包括故障树分析法、事件树分析法、蝶形图分析法、贝叶斯网络分析法等。将上述方法结合使用是当前在公共安全相关领域风险分析中的一种常见方式。

1.3.3　基于动力学演化的方法

基于动力学演化的方法主要依赖于比较确定、成熟的动力学机制、规则和规律。基于动力学演化的方法主要包括多主体仿真法、数值模拟法等,主要应用于大规模群体性事件、恐怖袭击事件、核生化袭击事件等比较极端的、偶发的、专家知识和记录数据比较匮乏的社会安全风险分析。

1.3.4　基于数据挖掘的方法

基于数据挖掘的方法主要依赖于历史数据、相关风险要素的状态数据(实时数据),通过建立数据挖掘模型来定量地分析事件发生的可能性及潜在的后果。基于数据挖掘的方法主要包括时序分析法、空间分析法、分类分析法、回归分析法、关联规则分析法等方法,主要应用于公安情报、侦查、治安防控等与具体业务关系较为紧密、业务数据和实时感知数据较为充足、时效性要求较高的社会安全风险分析。

2

基于专家知识的方法

本章介绍 4 种较为典型的、常用的基于专家知识的方法,分别是:头脑风暴法、德尔菲法、层次分析法、模糊综合评价法。上述方法广泛应用于事故灾难风险分析领域,在社会安全风险分析中,也有部分应用案例。这 4 种方法可以相互结合使用,或者与其他大类的方法相互结合。在 2.3 节和 2.4 节,以社区入室盗窃风险分析为例,介绍综合利用层次分析法和模糊综合评价法实现社区入室盗窃风险分析的过程。

2.1 头脑风暴法

头脑风暴(brain storming)法经常泛指任意形式的小组讨论,这一术语在公安、应急管理等领域的日常工作中经常使用。头脑风暴法,在社会安全风险分析中,指的是通过召集专家(包括业务专家、技术专家等不同类型的专家)会议,组织专家依据自身知识、经验,针对社会安全风险分析中的任意问题自由发表见解,例如,发现和识别风险源,提出可能的风险要素,分析不同风险要素对事件后果或发生概率的影响大小等。

利用头脑风暴法,通过相互讨论,可以实现专家组成员在观点上的相互启发,识别、分析造成社会安全事件的风险源及风险要素。同时,也可以针对社会安全风险的防范、管控手段提出建设性意见,为风险分析之后的其他风险管理环节提供决策支持。

在头脑风暴法实施的过程中,有效引导非常重要。在开始阶段需要创造自由讨论的会议氛围。在会议进行期间,则需要对讨论进程进行有效控制和调节,使讨论分阶段进行,不断深入。会议讨论过程中,则需要及时地筛选和捕捉产生的新观点和新议题。

头脑风暴法可以与其他风险评估方法一起使用,例如,在基于情景分析的方法(如贝叶斯分析法)中,可以将头脑风暴法作为专家开展情景分析的手段之一。该方法也可以单独使用,用于定性的社会安全风险识别和风险分析,既可以用于发现问题,也可以用于细节讨论。

2.1.1 头脑风暴法的实施步骤

头脑风暴法的实施步骤如图 2-1 所示。

（1）输入

召集业务知识丰富、熟悉社会安全风险分析工作的专家团队。

（2）过程

头脑风暴会议包括以下环节：

① 讨论会之前，主持人要准备好社会安全风险分析中的相关讨论问题及对问题的提示和说明。

② 确定讨论会的目标，并详细解释会议规则。

③ 主持人首先介绍准备好的相关讨论问题及对问题的提示和说明，进而组织专家发现问题，提出观点，并展开分析、讨论。此时无需讨论是否应该将某些事情记在清单上或某句话究竟是什么意思，避免妨碍自由思考。一切输入都要接受，不对任何观点加以批评。同时，需要快速推进专家小组的思考，使讨论得出的观点快速激发专家的横向思考。

④ 当某一方向的观点、认识已经充分挖掘或讨论偏离主题过远时，主持人可以引导与会人员进入新的方向。其目的在于收集尽可能多的观点，以便进行后续分析。

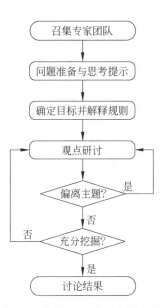

图 2-1　头脑风暴法的实施步骤

（3）输出

输出取决于该结果所应用的风险管理过程的阶段。例如，在识别阶段，该技术的输出可以是识别出的风险清单；在分析阶段，该技术的输出可以是具体的风险要素权重得分等。

2.1.2　头脑风暴法的优点及局限

头脑风暴法的优点包括：

① 有助于充分激发行业专家或业务专家的想象力，发现社会安全风险要素，提出创造性的分析和解决方案。

② 可以让风险管理各环节的利益相关方参与其中，有助于进行全面沟通。

③ 速度较快并易于开展。

头脑风暴法的局限性包括：

① 头脑风暴法的方法架构相对松散，较难保证分析过程及分析结果的全面性。

② 主观性较强，对专家知识和经验的依赖性高，专家会议讨论过程存在较高的不确定性。例如，可能出现特殊的小组状况，导致某些有重要观点的人保持沉默而其他人成为讨论的主角。

2.2　德尔菲法

德尔菲（Delphi）法是依据一套较为系统的流程，基于专家知识，在专家组中取得可靠共识的方法。德尔菲法的特点是专家单独、匿名表达各自的观点，在讨论过程中，专家之间不得互相讨论，只能与调查人员沟通。通过让专家填写问卷，集合意见，整理并共享，周而复始，最终取得共识。德尔菲法可以用于风险管理过程中的各个环节，包括风险分析环节。

2.2.1 德尔菲法的实施步骤

德尔菲法的实施步骤如图 2-2 所示。

（1）输入

达成共识所需要的一系列资源，包括专家组、调查问卷等。

（2）过程

使用半结构化问卷对专家进行提问，专家无需会面，保证其观点具有独立性，具体步骤如下：

① 组建专家团队，可能是一个或多个专家组。

② 编制第一轮问卷调查表。

③ 将问卷调查表发给每位专家组成员，要求定期返回。

④ 对第一轮答复的信息进行分析、对比和汇总，并再次下发给专家组成员；让专家比较自己同他人的不同意见，修改或完善自己的意见和判断；在此过程中，只给出各种意见，但并不提供发表意见的专家身份信息。

⑤ 专家组成员重新做出答复。

⑥ 循环以上过程，直到达成共识。

（3）输出

逐渐对问题达成共识。

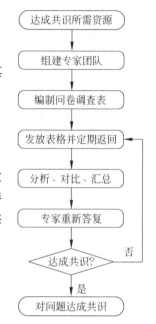

图 2-2 德尔菲法的实施步骤

2.2.2 德尔菲法的优点及局限

德尔菲法的优点包括：

① 由于观点是匿名的，因此专家组成员有可能表达出某些不受欢迎但具有重要价值的观点、看法。

② 所有观点都获得相同的重视，以避免某一权威专家主导话语权。

③ 便于开展，专家组成员不必聚集讨论，可以分散或利用在线方式开展。

德尔菲法的局限性包括：

① 德尔菲法实施过程相对繁琐、耗时，可能会出现长时间不能达成共识的情况。

② 专家组成员需要完成清晰的书面表达，增加了该方法的成本。

③ 在风险分析过程中，尽管专家可以参考其他人的观点，但是仍无法完全避免因知识的局限性和观点的主观性而导致风险分析出现的偏颇。

2.3 层次分析法

在进行社会、经济以及科学领域问题的系统分析中，常常遇到由相互关联、相互制约的众多因素构成的复杂问题，因缺少定量数据的支撑，而导致分析困难。层次分析法（analytic hierarchy process，AHP）为这类问题的决策提供了一种简洁、实用的建模方法，适用于难以完全定量分析的问题，属于一种半定量的风险分析方法。

层次分析法于 20 世纪 70 年代中期由美国运筹学家萨蒂（T.L. Saaty）提出，具有系统性、灵活性、实用性等特点,适用于多目标、多层次、多因素的复杂决策,被广泛应用于社会、经济、科技、规划等很多领域的评价、决策、预测、规划等。社会安全风险分析涉及的风险要素众多,其中,大量风险要素难以得到充分的数据支持,层次分析法为其提供了一种半定量的解决方案。

2.3.1 层次分析法的实施步骤

层次分析法的实施步骤如图 2-3 所示。

1)输入

对决定风险分析结果的任意两个风险要素的相对重要性进行比较判断,给予量化。为保证输入的比较值真实可信,通常可以用德尔菲法、头脑风暴法等方法进行操作。

2)过程

层次分析法的建模,分为以下四个步骤:

① 建立递阶层次结构模型。

② 构造各层次中的所有判断矩阵。

③ 层次单排序及一致性检验。

④ 层次总排序及一致性检验。

其中后两个步骤在整个过程中需要逐层地进行。

图 2-3 层次分析法的实施步骤

3)输出

各社会安全风险要素相对于总风险的重要排序。

下面分别对上述四个步骤进行详细说明[21,22]。

(1)递阶层次结构模型的建立

应用层次分析法进行风险分析时,需首先构造一个层次结构模型。在这个模型下,风险分析的目标为得到社会安全事件的总风险(威胁、脆弱性、后果)。影响总风险的风险要素被分解为由多元素组成的结构,这些元素又按其属性及关系形成若干层次,上一层次的元素对下一层次有关元素起支配和决定作用。这些层次可以分为三类:

① 最高层(目标层):只有一个元素,一般是分析问题的预定目标或理想结果,如风险分析结果。

② 中间层(准则层):包含了为实现目标所涉及的中间环节,可以由若干个层次组成,包括所需考虑的准则、子准则,如风险要素对应的风险指标,包括一级指标、二级指标、三级指标等。

③ 最底层(方案层):包括了为实现目标可供选择的各种措施、决策方案等。在单纯的风险分析中,可以不设置方案层。

递阶层次结构中的层次数与问题的复杂程度及需要分析的详尽程度有关,一般层次数不受限制。每一层次中各元素所支配的元素一般不要超过 9 个,因为支配的元素过多会给两两比较判断带来困难。层次结构模型如图 2-4 所示,T 层为目标层,M 层为准则层,P 层为方案层。

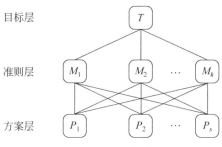

目标层　　　　　　　　　　T

准则层　　　M_1　　　M_2　…　M_k

方案层　　　P_1　　　P_2　…　P_s

图 2-4　层次结构模型

（2）构造两两比较的判断矩阵

递阶层次结构确定了上下层元素间的隶属关系。需进一步确定各层次元素的权重。记准则层元素 M 所支配的下一层次的元素为 $P_1,P_2,\cdots,P_s$，针对准则 M，决策者两两比较元素 P_i 和 P_j 的重要性及重要程度，并按表 2-1 定义的比例标度对重要性程度赋值，形成判断矩阵 $\boldsymbol{R}=(r_{ij})_{n\times n}$，其中 r_{ij} 是元素 P_i 和 P_j 相对于准则 M 的重要性比例标度。

表 2-1　比例标度定义

标　　度	含　　义
1	表示两个因素相比，具有相同重要性
3	表示两个因素相比，前者比后者略微重要
5	表示两个因素相比，前者比后者明显重要
7	表示两个因素相比，前者比后者重要得多
9	表示两个因素相比，前者比后者极端重要
2,4,6,8	表示上述相邻判断的中间值

判断矩阵 $\boldsymbol{R}$ 具有如下性质：①$r_{ij}>0$；②$r_{ji}=\dfrac{1}{r_{ij}}$；③$r_{ii}=1$，称为正互反判断矩阵。根据判断矩阵的互反性，对于一个判断矩阵只需给出上三角的判断即可构建出完整的判断矩阵。

（3）层次单排序及一致性检验

层次单排序是确定某一层因素的权重系数的过程，即求出权重向量 $\boldsymbol{W}=(w_1,w_2,\cdots,w_n)^{\mathrm{T}}$。

将权重向量 $\boldsymbol{W}$ 右乘判断矩阵 $\boldsymbol{R}$，有

$$\boldsymbol{RW}=\lambda_{\max}\boldsymbol{W} \tag{2-1}$$

其中，$\lambda_{\max}$ 为判断矩阵的最大特征值，存在且唯一。

将矩阵 $\boldsymbol{R}$ 的每一列归一化，得到按列归一化后的矩阵，将该矩阵按行相加得到 $(\overline{w}_1,\overline{w}_2,\overline{w}_3)$。

将向量 $(\overline{w}_1,\overline{w}_2,\overline{w}_3)^{\mathrm{T}}$ 归一化得所求特征向量 $(w_1,w_2,w_3)^{\mathrm{T}}$，从而求出 $\boldsymbol{RW}$。

最后，计算判断矩阵的最大特征值 $\lambda_{\max}=\sum[(\boldsymbol{RW})_i/nw_i]$。

通过两两比较得到的判断矩阵不一定满足判断矩阵的互反性条件，需要采用一个数量标准来衡量不一致程度。因此，对决策者提供的判断矩阵有必要作一致性检验，以决定是否能够接受。

判断矩阵的一致性检验步骤如下：

① 计算一致性指标 CI

$$CI = \frac{\lambda_{max} - n}{n - 1} \tag{2-2}$$

式中，λ_{max} 为判断矩阵 $\boldsymbol{R}$ 的最大特征值；n 为 $\boldsymbol{R}$ 的阶数。

② 查找相应的平均随机一致性指标 RI

对于 $n = 1 \sim 11$，平均随机一致性指标 RI 的取值如表 2-2 所示。

表 2-2　平均随机一致性指标

n	1	2	3	4	5	6	7	8	9	10	11
RI	0	0	0.58	0.90	1.12	1.24	1.32	1.41	1.45	1.49	1.51

③ 计算一致性比例 CR

$$CR = \frac{CI}{RI} \tag{2-3}$$

当 CR＜0.10 时，认为判断矩阵的一致性可以接受，否则应对判断矩阵作适当的修正。

(4) 层次总排序及一致性检验

以上得到的是一组元素对其上一层中某元素的权重向量，而最终需要计算的是方案层中各方案对于目标的排序权重，从而进行方案选择。总排序权重要自上而下地将单准则下的权重进行合成。

假设图 2-4 中 M 层 k 个因素 $M_1, M_2, \cdots, M_k$ 对总目标 T 的层次总排序权重分别为 $m_1, m_2, \cdots, m_k$，又设 P 层包含 s 个因素 $P_1, P_2, \cdots, P_s$，它们关于 M_j 的层次单排序权重分别为 $p_{1j}, p_{2j}, \cdots, p_{sj}$（当 P_i 和 M_j 不相关时，$p_{ij} = 0$），则 P 层第 i 个因素对于总目标 T 的权重为

$$p_i = \sum_{j=1}^{k} m_j p_{ij} \tag{2-4}$$

最后，对层次总排序作一致性检验。

设 P 层中与上层（M 层）中的因素 $M_j (j = 1, 2, \cdots, k)$ 的层次单排序一致性指标为 CI_j，随机一致性指标为 RI_j，则层次总排序的一致性比例为

$$CR = \frac{\sum\limits_{j=1}^{k} m_j CI_j}{\sum\limits_{j=1}^{k} m_j RI_j} \tag{2-5}$$

当 CR＜0.10 时，认为层次总排序结果具有较好的一致性，可为最后决策做支持。

2.3.2　层次分析法的优点及局限

层次分析法较好地体现了系统工程学定性与定量分析相结合的思想，在决策过程中，决策者直接参与决策过程，并且其定性思维过程被数学化、模型化，而且还有助于保持思维过程的一致性。

层次分析法的局限性,主要表现在:

① 很大程度上依赖于专家的经验和知识,主观因素的影响很大。虽然有一致性检验机制,但至多只能排除思维过程中的严重非一致性,却无法排除专家个人观点可能存在的严重片面性。

② 比较、判断过程较为粗糙,不能用于精度要求较高的风险分析问题。

2.3.3　模糊层次分析法

层次分析法中,检验判断矩阵是否具有一致性非常困难,当判断矩阵的阶数 n 较大时,精确计算最大特征值 $\lambda_{\max}$ 的工作量非常大。当判断矩阵不具有一致性时,需要调整判断矩阵的元素,使其具有一致性,这往往需要经过若干次调整和检验。为解决上述问题,本节介绍模糊一致矩阵的概念和模糊层次分析法(fuzzy analytic hierarchy process,FAHP)的原理、步骤[23],并且在2.3.4节的方法应用中,通过举例介绍模糊层次分析法在社会安全风险分析中的应用。

设矩阵 $\boldsymbol{R}=(r_{ij})_{n\times n}$ 满足

$$0 \leqslant r_{ij} \leqslant 1, \quad i=1,2,\cdots,n; j=1,2,\cdots,n \tag{2-6}$$

则称 $\boldsymbol{R}$ 是模糊矩阵。

若模糊矩阵 $\boldsymbol{R}=(r_{ij})_{n\times n}$ 满足

$$r_{ij}+r_{ji}=1, \quad i=1,2,\cdots,n; j=1,2,\cdots,n \tag{2-7}$$

则称模糊矩阵 $\boldsymbol{R}$ 是模糊互补矩阵。

若模糊互补矩阵 $\boldsymbol{R}=(r_{ij})_{n\times n}$ 满足:$\forall i,j,k$

$$r_{ij}=r_{ik}-r_{jk}+0.5 \tag{2-8}$$

则称模糊矩阵 $\boldsymbol{R}$ 是模糊一致矩阵。

由以上定义可知,对于模糊一致矩阵 $\boldsymbol{R}$,$\forall i,j (i,j=1,2,\cdots,n)$ 有 $r_{ij}+r_{ji}=1,r_{ii}=0.5$,$\boldsymbol{R}$ 的第 i 行和第 j 列元素之和为 n。

模糊矩阵是模糊关系的矩阵表示,若模糊关系"a_i 比 a_j 重要得多"表示为模糊矩阵 $\boldsymbol{R}$,则 r_{ij} 的大小是 a_i 比 a_j 重要程度的度量,且 r_{ij} 越大,表示 a_i 比 a_j 越重要,$r_{ij}>0.5$ 表示 a_i 比 a_j 重要,反之若 $r_{ij}<0.5$ 则表示 a_j 比 a_i 重要。

模糊层次分析法的步骤和层次分析法的步骤基本一致,仅有两点不同:一是在层次分析法中,通过元素的两两比较构造判断矩阵,而在模糊层次分析法中,通过元素两两比较构造模糊一致判断矩阵;二是由模糊一致判断矩阵求各元素权重的方法,与由判断矩阵求权重的方法不同。

模糊一致判断矩阵 $\boldsymbol{R}$ 表示针对上一层某元素,本层次与之有关元素之间相对重要性的比较。假定上一层次的元素 C 同下一层次中的元素 $a_1,a_2,\cdots,a_n$ 有联系,则模糊一致判断矩阵中的元素 r_{ij} 表示:元素 a_i 和元素 a_j 相对于元素 C 进行比较时,元素 a_i 和元素 a_j 具有模糊关系"……比……重要得多"的隶属度,并采用如表2-3所示的方法进行数量标度。

表 2-3　0.1～0.9 数量标度

标　　度	含　　义
0.5	表示两个因素相比,具有相同重要性
0.6	表示两个因素相比,前者比后者略微重要

标　度	含　义
0.7	表示两个因素相比,前者比后者明显重要
0.8	表示两个因素相比,前者比后者重要得多
0.9	表示两个因素相比,前者比后者极端重要
0.1,0.2,0.3,0.4	若元素 a_i 与元素 a_j 相比较得到判断 r_{ij} ,则元素 a_j 与元素 a_i 相比较得到的判断为 $r_{ji}=1-r_{ij}$

元素 $a_1,a_2,\cdots,a_n$ 相对于上一层元素 C 进行比较,可得到模糊判断矩阵 $\boldsymbol{R}=(r_{ij})_{n\times n}$,若该矩阵对任意的 $i,j,k(k=1,2,\cdots,n)$ 都满足公式(2-8),则 $\boldsymbol{R}$ 为模糊一致判断矩阵,否则需要按照公式(2-9)将其转换成对应的模糊一致判断矩阵:

$$\begin{cases} s_i = \sum_{j=1}^{n} r_{ij} \\ s_{ij} = \dfrac{s_i - s_j}{2n} + 0.5, \quad i=1,2,\cdots,n \\ \boldsymbol{S} = (s_{ij})_{n\times n} \end{cases} \quad (2\text{-}9)$$

其中, s_i 表示模糊一致判断矩阵 $\boldsymbol{R}$ 第 i 行各数之和; n 为矩阵 $\boldsymbol{R}$ 中的构成要素; s_{ij} 为模糊矩阵中第 i 行第 j 列的元素, $\boldsymbol{S}$ 为最终得到的模糊一致判断矩阵。

最后,根据公式(2-10)计算各构成要素权重。

$$\begin{cases} l_i = \sum_{j=1}^{n} \boldsymbol{s}_{ij} - 0.5, \quad i=1,2,\cdots,n \\ \sum_i l_i = n(n-1)/2 \\ w_i = l_i / \sum_i l_i = 2l_i / [n(n-1)] \end{cases} \quad (2\text{-}10)$$

其中, l_i 表示模糊一致判断矩阵 $\boldsymbol{S}$ 第 i 行各数之和; n 为矩阵 $\boldsymbol{R}$ 中的构成要素; w_i 为该层中各指标相对于上层目标的权重。

2.3.4　方法应用

社区是公共安全治理的基本单元。社区"人-事-地-物-组织"高度汇聚、风险要素众多且复杂交叠关联。在众多影响社区安全的事件中,入室盗窃是普遍存在且高发的刑事案件,属于典型的社会安全事件。城市中各派出所辖区概况有所差别,相对警力不充足的区域,往往面临较高的社区安全风险。因此,针对入室盗窃的社区风险评估工作很必要。

本节采用模糊层次分析法,首先建立社区入室盗窃风险指标体系,以指标体系的层次结构作为递阶层次结构模型,进而构建模糊一致判断矩阵,最后计算各风险要素的权重,得到社区入室盗窃风险的层次分析模型。

(1)构建指标体系,形成递阶层次结构模型

根据实地调研,在构建社区入室盗窃风险指标体系时,需要考虑周边环境、内外布局和环境,还要考虑家居安全状况,以及关键场所、设施的安全状况等。根据公安业务调研,认为流动人口、出租房屋的比例、社区警务和综合服务也是影响入室盗窃风险的要素。构建

的社区入室盗窃风险指标体系如图 2-5 所示。

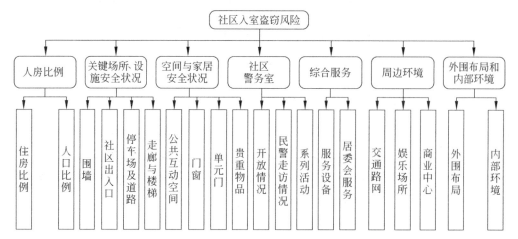

图 2-5　入室盗窃风险指标体系

为准确地反映社区入室盗窃风险的影响因素,方便数据接入,在风险识别的基础上,得到一系列风险量化指标,如表 2-4 所示,其中大部分为客观指标,均可通过实地调研和公安部门相关数据库得到。

表 2-4　社区入室盗窃风险评估指标量化依据

总目标	一级指标	二级指标	指标量化
社区入室盗窃风险	周边环境	交通路网	是否有公交车站 是否有地铁站
		娱乐场所	是否有 KTV、酒吧等娱乐场所
		商业中心	是否为商业中心
	外围布局和内部环境	外围布局	周围是否设置围墙、小栅栏 是否被交通要道包围
		内部环境	在公共区域中是否有乱搭乱建行为 公共区域是否整齐干净(小区入口、小区广场、娱乐设施、楼栋门前区域) 是否有堆放废弃物现象 基础设施是否存在破损失修情况 垃圾箱是否保持清洁 小区绿植是否及时修剪,保持整洁 有无乱涂乱画和乱贴广告宣传语现象
	空间与家居安全状况	门窗	使用门锁的级别 门是否设置猫眼 是否有猫眼反窥探防护装置 是否有防盗窗 居民是否有反锁门意识
		单元门	是否有监控对着单元门门口 单元门是否经常不关或是坏的
		贵重物品	家中是否安装防盗报警装置

续表

总目标	一级指标	二级指标	指 标 量 化
社区入室盗窃风险	关键场所、设施安全状况	围墙	围墙是否易于爬越 是否是"砖瓦式"围墙(不利于观察外围动态) 围墙是否接近楼宇(违法犯罪分子容易从围墙直接进入)
		社区出入口	摄像头是否安装(监控外来人员出入情况) 小区名称的标志是否清晰 门禁是否正常运行 门禁系统是否有人员识别功能(把握小区人员居住情况) 出入口照明设施是否良好运行 是否设有保安员及保安在岗情况 传达室是否易于观察进出情况 在可见小区大门的视线范围内是否有便于休息的地方(形成自然监视作用) 是否有电子设备对机动车进出进行控制(如电子识别系统)
		停车场及道路	小区的道路是否安装摄像头 人行道是否平坦防滑 停车场是否安装摄像头 停车场照明设备是否存在死角
		走廊与楼梯	是否安装摄像头 是否有乱堆废弃物现象 照明设施是否运行良好 是否狭窄昏暗(促进邻里交流)
		公共互动空间	是否有锻炼娱乐场所 是否有儿童游乐场(是否采用沙地、塑胶等保护性地面) 是否有小商铺 是否有小广场 是否有可供休憩的区域(如板凳、台阶等) 长椅背后是否有可供倚靠的设计(如绿化带、石柱等,有倚靠设计可以减少视线不能监控的空间范围,不易从背后遭到侵害,增强安全感) 是否安装视频监控设备 道路照明设施是否完好 消防通道是否畅通
	人房比例	住房比例	出租房比例
		人口比例	流动人口比例
	社区警务室	开放情况	是否全天开放
		民警走访情况	社区民警是否熟悉社区基础信息和重点信息
		系列活动	是否组织开展警察职业体验活动、家居安全检测活动等
	综合服务	服务设备	是否设置宣传展板,并及时更新发布社区安全动态 是否设置纯净水处理机、代收快递等便民设施
		居委会服务	居委会是否提供便民服务,例如法律咨询、青少年培训、社区卫生室

以上述指标体系的结构作为递阶层次结构,构建层次分析模型。

（2）构建模糊一致判断矩阵,计算各风险要素的权重

采用模糊层次分析法中的 0.1～0.9 的数量标度方法,对一级、二级指标的因素分别进行两两比较,得到每层各个元素相对重要程度,得到模糊判断矩阵 R。

若模糊一致判断矩阵 $R=(r_{ij})_{n\times n}$,对任意的 $i,j,k(k=1,2,\cdots,n)$ 都满足公式(2-8),则 R 为模糊一致判断矩阵,否则需要按照公式(2-9)将其转换成对应的模糊一致判断矩阵。

根据式(2-10)计算各构成要素权重。

为避免五位专家出现极端不一致的意见,打分过程中采用德尔菲法,按照 2.2 节中的步骤,直到五名专家不再更改打分后停止。

由 Dempster-Shafer(D-S)证据理论[24-26]加权五位专家每层指标的权重,得出最终权重值。D-S 证据理论的合成规则如公式(2-11)所示。

$$m(A)=\begin{cases} \dfrac{1}{K}\sum\limits_{A_1\cap A_2\cap\cdots\cap A_N} m_1(A_1)\cdot m_2(A_2)\cdots m_N(A_N), & A\neq\varnothing \\ 0, & A=\varnothing \end{cases} \quad (2\text{-}11)$$

其中 $A_1,A_2,\cdots,A_N$ 代表 N 个性质不同的证据;$m_1,m_2,\cdots,m_N$ 是其基本概率函数;K 为证据之间的冲突程度,计算如下:

$$\begin{aligned} K &= \sum_{A_1\cap A_2\cap\cdots\cap A_N\neq\varnothing} m_1(A_1)\cdot m_2(A_2)\cdots m_N(A_N) \\ &= 1-\sum_{A_1\cap A_2\cap\cdots\cap A_N=\varnothing} m_1(A_1)\cdot m_2(A_2)\cdots m_N(A_N) \end{aligned} \quad (2\text{-}12)$$

通过模糊层次分析法、德尔菲法和 D-S 证据理论计算得到五位专家的权重如表 2-5 所示。通过 D-S 证据理论算得最终权重,其中社区警务室的权重最高,对入室盗窃风险影响最大,可见公安民警在安全治理中的角色很重要。小区综合服务的权重最低,其带来的风险值最低。

表 2-5　社区入室盗窃各层级指标权重

一级指标	权重	二级指标	权重
周边环境	0.081	交通路网	0.013
		娱乐场所	0.037
		商业中心	0.031
外围布局和内部环境	0.086	外围布局	0.023
		内部环境	0.063
空间与家居安全状况	0.159	门窗	0.049
		单元门	0.079
		贵重物品	0.031
关键场所、设施安全状况	0.189	围墙	0.031
		社区出入口	0.073
		停车场及道路	0.022

续表

一 级 指 标	权 重	二 级 指 标	权 重
关键场所、设施安全状况	0.189	走廊与楼梯	0.038
		公共互动空间	0.025
人房比例	0.136	住房比例	0.068
		人口比例	0.068
社区警务室	0.307	开放情况	0.049
		民警走访情况	0.159
		系列活动	0.099
综合服务	0.042	服务设备	0.023
		居委会服务	0.019

2.4 模糊综合评价法

模糊综合评价以模糊数学为基础,应用模糊关系合成原理,将一些边界不清、不易定量的因素定量化,依据多个因素对被评价事物的隶属等级状况进行综合性评价。模糊综合评价法可以对评价对象按综合分值的大小进行评价和排序,还可根据模糊评价集上的值按最大隶属度原则去评定对象所属的等级[27]。模糊综合评价法被广泛应用于业绩评估、专家评分系统、天气预报、医疗诊断、经济管理、安全管理评价、重大风险源评价、工程项目评标、设备质量评价、软件项目风险评价等领域,也可以运用于社会安全风险分析领域。

2.4.1 模糊综合评价法的实施步骤

模糊综合评价法的基本原理是:首先确定被评价对象的指标集和评价集,再分别确定各个因素的隶属度向量,获得模糊判断矩阵,最后把模糊判断矩阵与因素的权向量进行模糊运算并进行归一化,得到模糊评价综合结果[28]。模糊综合评价包括六个基本要素[29]:

① 因素集 U,代表综合评价中各评价因素所组成的集合。

② 评价集 V,代表综合评价中的评语所组成的集合,是对被评事物变化区间的一个划分,如很好、好、中、差、极差等评语。

③ 模糊判断矩阵 R,是单因素评价的结果,即单因素评价矩阵。

④ 评判因素权重向量 W,代表评价因素在被评对象中的相对重要程度,在综合评价中用来对 R 做加权处理。

⑤ 模糊算子,是指合成 W 与 R 所用的计算方法,即合成方法。

⑥ 评判结果向量 B。

模糊综合评价法的实施步骤如图 2-6 所示。

模糊综合评价的数学模型可分为一级模糊评价模型和多级模

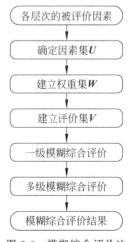

各层次的被评价因素

确定因素集 U

建立权重集 W

建立评价集 V

一级模糊综合评价

多级模糊综合评价

模糊综合评价结果

图 2-6 模糊综合评价法的实施步骤

糊评价模型。多级模糊综合评价的数学模型,以二级评价模型为例加以阐述。

① 确定因素集 U。即将被评价的因素集 U 分为 m 个因素子集:

$$U = (u_1, u_2, \cdots, u_i, \cdots, u_m) \tag{2-13}$$

其中,$u_i(i=1,2,\cdots,m)$ 为第一层次中的第 i 个因素,它由第二层次中的 n 个因素决定,即

$$u_i = (u_{i1}, u_{i2}, \cdots, u_{ij}, \cdots, u_{in}), \quad j = 1, 2, \cdots, n \tag{2-14}$$

② 建立权重集 W。根据每一层次中各个因素的重要程度,分别赋予每个因素以相应的权重值,则各权重集为

第一层次

$$W = (w_1, w_2, \cdots, w_i, \cdots, w_m) \tag{2-15}$$

第二层次

$$w_i = (w_{i1}, w_{i2}, \cdots, w_{ij}, \cdots, w_{in}), \quad j = 1, 2, \cdots, n \tag{2-16}$$

③ 建立评价集 V。评价集是评价者对评价对象可能做出的各种总的评价结果所组成的集合,不论评价层次的多少,评价集只有一个。评价集表示为

$$V = (v_1, v_2, \cdots, v_p) \tag{2-17}$$

其中,p 为评语等级数,每一个等级对应一个模糊子集。一般情况下,评语等级数 p 取区间 $[3,7]$ 中的整数,如果 p 过大,则难以描述且不易判断等级归属,如果 p 过小,不符合模糊综合评价的质量要求。一般来说 p 多取奇数,这样可以有一个中间等级,便于判断被评事物的等级归属。

④ 一级模糊综合评价。由于第一层次各因素都由第二层次的若干因素决定,所以第一层次每一因素的单因素评价,是第二层次的多因素综合评价结果。令第一层次的单因素判断矩阵 R_i 为

$$R_i = \begin{bmatrix} r_{i11} & r_{i12} & \cdots & r_{i1p} \\ r_{i21} & r_{i22} & \cdots & r_{i2p} \\ \vdots & \vdots & \ddots & \vdots \\ r_{in1} & r_{in2} & \cdots & r_{inp} \end{bmatrix} \tag{2-18}$$

决定矩阵 R_i 行数的是第二层次因素中影响第一层次中的第 i 个因素的因素数,即 r_{ij} 的个数,决定矩阵列数的是评价集中的等级数。考虑了权重后,得到一级模糊综合评价集 B_i 为

$$B_i = w_i \circ R_i = [w_{i1}, w_{i2}, \cdots, w_{in}] \circ \begin{bmatrix} r_{i11} & r_{i12} & \cdots & r_{i1p} \\ r_{i21} & r_{i22} & \cdots & r_{i2p} \\ \vdots & \vdots & \ddots & \vdots \\ r_{in1} & r_{in2} & \cdots & r_{inp} \end{bmatrix} = [b_{i1}, b_{i2}, \cdots, b_{ip}] \tag{2-19}$$

式中,"$\circ$"是模糊算子。

⑤ 多级模糊综合评价(以二级模糊综合评价为例)。不论有多少层次,最终均要求得到最高层次即目标层的综合评价结果。一级模糊综合评价是最低层次综合评价的结果,即上一层次的单因素评价。为继续求出上一层次的综合评价,须进行二级模糊综合评价[29]。二级模糊综合评价的单因素评价矩阵 R 为

$$R = \begin{bmatrix} B_1 \\ B_2 \\ \vdots \\ B_m \end{bmatrix} = \begin{bmatrix} w_1 \circ R_1 \\ w_2 \circ R_2 \\ \vdots \quad \vdots \\ w_m \circ R_m \end{bmatrix} \qquad (2\text{-}20)$$

则二级模糊综合评价集 B 为

$$B = W \circ R = [w_1, w_2, \cdots, w_m] \circ \begin{bmatrix} w_1 \circ R_1 \\ w_2 \circ R_2 \\ \vdots \quad \vdots \\ w_m \circ R_m \end{bmatrix} = [w_1, w_2, \cdots, w_m] \circ \begin{bmatrix} b_{11} b_{12} \cdots b_{1p} \\ b_{21} b_{22} \cdots b_{2p} \\ \vdots \quad \vdots \quad \ddots \quad \vdots \\ b_{m1} b_{m2} \cdots b_{mp} \end{bmatrix}$$

$$= [b_1, b_2, \cdots, b_p] \qquad (2\text{-}21)$$

可见,只要给出因素体系中最底层的各变换矩阵,即单因素评价矩阵,再给出各层次的权重值矩阵,便可求得任意层次中的任何综合评价结果和最终的综合评价结果[29]。

2.4.2　模糊综合评价法的优点及局限

模糊综合评价法的优点包括[29]:

① 模糊综合评价结果本身是一个向量,而不是一个单点值,并且这个向量是一个模糊子集,在信息的质和量上都具有优越性。模糊综合评价结果经进一步加工,可提供一系列的参考综合信息。

② 评价从层次角度分析复杂对象。一方面,符合复杂系统的状况,有利于最大限度地客观描述被评价对象;另一方面,有利于尽可能准确地确定权重。通常,被评价对象越复杂,结构层次越多,应用多层次模糊综合评价的效果越理想。

③ 模糊综合评价方法的适用性强,既可用于主观因素的综合评价,又可用于客观因素的综合评价。

模糊综合评价法的局限性包括[29]:

① 模糊综合评价过程中,不能解决评价因素间的相关性所造成的评价信息重复的问题。因此,在进行模糊综合评价前,因素的预选和筛除十分重要,需要尽量把相关程度较大的因素删除,以保证评价结果的准确性。另一方面,如果评价因素考虑得不够充分,有可能影响评价结果的区分度。

② 在模糊综合评价中,因素的权重不是在评价过程中伴随产生的,人为定权具有较大的灵活性,一定程度上反映了因素本身对被评价对象的重要程度,但专家观点的主观性较大,与客观实际可能会有偏差。

2.4.3　方法应用

在 2.3.4 节中,通过模糊层次分析法,得到了社区入室盗窃风险指标体系的各风险要素权重,形成了社区入室盗窃风险分析模型,本节应用模糊综合评价法,定量计算社区入室盗窃的风险值。

(1) 建立综合评价的因素集

因素集是以影响评价对象的各种因素为元素所组成的一个普通集合,根据构建的社区入室盗窃评估指标体系建立因素集,建立第一层因素集 $U = \{u_1, u_2, u_3, u_4, u_5, u_6, u_7\} =$

{周边环境,外围布局和内部环境,⋯,社区警务室};建立第二层因素集,以周边环境为例:$u_1 = \{u_{11}, u_{12}, u_{13}\} = \{交通路网,娱乐场所,商业中心\}$,同理可得到 $u_2, u_3, u_4, u_5, u_6, u_7$。

（2）建立综合评价的评价集

评价集是评价者对社区入室盗窃可能发生的各种结果所组成的集合,通常用 V 表示,将评价等级设定为四级警情 V_1, V_2, V_3, V_4,其中 V_1 表示一级警情,案件数量较少、案发率低;V_2 表示二级警情,案件数量、案发率中等;V_3 表示三级警情,案件数量较多、案发率较高;V_4 表示四级警情,案件数量很多、案发率很高。

（3）建立综合评价的权重集

根据用模糊层次分析法得到的指标体系权重表建立权重集,具体内容如下:建立第一层权重集 $W = \{w_1, w_2, w_3, w_4, w_5, w_6, w_7\}$;建立第二层权重集 $w_1 = \{w_{11}, w_{12}, w_{13}\}$,依次可得到 $w_2, w_3, w_4, w_5, w_6, w_7$。

（4）进行单因素模糊评价并获得评价集隶属度矩阵

① 邀请五名专家对社区入室盗窃风险进行评价。分别对社区入室盗窃评估指标体系中的二级指标进行模糊评价,得到每个指标的评语隶属度 r_{ij}（对第 i 项评估指标做出第 j 等级的专家人数占全部专家的比例）,以二级指标"交通路网"的隶属度为例:

$$r_{11} = \{r_{11V_1}, r_{11V_2}, r_{11V_3}, r_{11V_4}\} \tag{2-22}$$

根据社区入室盗窃风险指标体系,一共得到 20 个二级指标的模糊综合判断矩阵。以"周边环境"下面的 3 个二级指标为例:

$$R_{11} = \begin{bmatrix} r_{11V_1} & r_{11V_2} & r_{11V_3} & r_{11V_4} \\ r_{12V_1} & r_{12V_2} & r_{12V_3} & r_{12V_4} \\ r_{13V_1} & r_{13V_2} & r_{13V_3} & r_{13V_4} \end{bmatrix} \tag{2-23}$$

② 对二级指标进行复合运算

复合运算即按矩阵乘法进行运算。以"周边环境"下面的 3 个二级指标为例,将该矩阵与对应的二级指标集进行复合运算,得到评价结果

$$B_{11} = w_1 \circ R_{11} = (b_{11}, b_{12}, b_{13}, b_{14}) \tag{2-24}$$

对 B_{11} 进行归一化处理可以得到标准评价结果,同理得到 $u_2 \sim u_7$ 各个二级指标的标准评价结果。

③ 对一级指标进行复核运算

将以上得到的 7 个标准评价结果视为单因素模糊评价进行汇总,即可得到目标层模糊综合评价矩阵。将该矩阵与对应的一级指标权重集进行复合运算,得到评价结果。

$$B = W \circ R = (b_1, b_2, b_3, b_4) \tag{2-25}$$

对 B 进行归一化处理可以得到标准评价结果 B,根据最大隶属度原则确定入室盗窃的最终评价结果。

为验证社区入室盗窃指标体系的有效性和研究方法的合理性,在 A 市 B 区 C 辖区,挑选了不同社区的 13 个小区进行评估。为保证研究的普遍适用性,社区中包括了以高档商品房、普通商品房、经济适用房等不同类型房屋为主的居民小区。实地调研了选择的 13 个小区,对小区的真实情况进行调查,将真实情况反馈给专家进行模糊综合评价。

根据表 2-5,采用检查表的形式对每个小区的量化指标数据进行记录。对于指标量化难以得到"是""否"值时,将其转化为（0,1）之间的值,根据 13 个小区的量化指标数据,由 5

名专家对每个小区的二级指标评语集打分。最后根据模糊综合评价法,计算出模糊综合评价的结果,如表 2-6 所示。

表 2-6 社区入室盗窃等级评价与实际案发率对比结果

小区编号	B 归一化	评价等级	入室盗窃发案率	发案率排序
8	$(0.25, 0.30, 0.34, 0.11)$	V_3	0.018	1
4	$(0.39, 0.37, 0.14, 0.10)$	V_1	0.011	2
9	$(0.30, 0.31, 0.30, 0.09)$	V_2	0.009	3
5	$(0.37, 0.40, 0.20, 0.03)$	V_2	0.009	4
11	$(0.37, 0.31, 0.23, 0.09)$	V_1	0.006	5
1	$(0.41, 0.47, 0.07, 0.05)$	V_2	0.006	6
12	$(0.31, 0.38, 0.23, 0.08)$	V_2	0.006	7
10	$(0.34, 0.32, 0.26, 0.08)$	V_1	0.005	8
2	$(0.45, 0.36, 0.16, 0.03)$	V_1	0.004	9
3	$(0.47, 0.46, 0.07, 0)$	V_1	0.002	10
7	$(0.45, 0.40, 0.10, 0.05)$	V_1	0.001	11
13	$(0.35, 0.35, 0.22, 0.08)$	V_1	0.001	12
6	$(0.53, 0.36, 0.09, 0.02)$	V_1	0	13

根据表 2-6 可得,小区 8 的评价等级为 V_3,其案件数量较多、风险较高。根据小区 8 的评语隶属度矩阵,"空间与家居安全状况"和"关键场所、设施安全状况"的 V_3 等级比例较高,对于最终评价的影响最大。整体上来看,入室盗窃的综合评价风险中等偏下,治安状况良好,但仍需要重点关注个别小区,提高相应的防护措施。

最后,根据当地公安机关提供的数据,统计各个小区 2016—2019 年真实入室盗窃案件的数量(T)和小区总人数(P)。定义入室盗窃发案率 T' 为

$$T' = \frac{T}{P} \tag{2-26}$$

最后,将模糊综合评价结果 B 与 T' 进行比较分析。

将每个小区模糊综合评价的结果与入室盗窃发案率 T' 进行对比验证,结果如表 2-6 所示。可见,13 个小区的发案率普遍不高,基本符合专家评价的中等偏下的风险等级。其中小区 8 的发案率最高,对应的评价等级也最高,为 V_3。小区 9、5、1、12 和 10、2、3、7、13、6 发案率排序与评价等级趋势一致。只有小区 4、11 发案率排序为 2、5,评价等级却为 V_1。通过分析小区 4、11 各项指标的评语隶属度矩阵,发现多集中在 V_1 和 V_2 级别,所以其未来案发率可能会降低,风险值会减小,因此评价的等级为 V_1。

2.5 本章小结

本章介绍了头脑风暴法、德尔菲法、层次分析法、模糊综合评价法 4 种常用的基于专家知识的风险分析方法,均可应用于不同需求下的社会安全风险分析。除了单独使用之外,几种方法可以相互结合,完成定性、半定量的风险分析,例如,在 2.3.4 节和 2.4.3 节中介绍

的社区入室盗窃风险分析,采用了模糊层次分析法和模糊综合评价法结合的方法,分别用于计算指标体系中风险要素的权重和计算总风险值。在这个例子中,实际上还用到了德尔菲法,如 2.3.4 节介绍,在五名专家打分的过程中,使用了德尔菲法,匿名征求专家意见,循环反馈,使专家的意见逐步得到修正和完善,并通过 D-S 证据理论统一五名专家意见并确定权重。

基于专家知识的方法对专家的知识的依赖性较高,无法完全避免专家知识的主观性和片面性,但在真实记录数据不充足、不易获取的情况下,这类方法不失为一种可以普遍采用的技术手段,对威胁性、脆弱性和后果均可进行建模分析。

3

基于情景分析的方法

本章介绍 4 种较为典型的、常用的基于情景分析的方法,分别是:故障树分析(fault tree analysis,FTA)法、事件树分析法、蝶形图分析法、贝叶斯网络分析法。上述方法在事故灾难风险分析中得到了广泛的应用,在社会安全风险分析中,也有部分应用案例。上述 4 种方法通常相互结合使用,或者与其他大类的方法相互结合使用。本章以核生化恐怖袭击事件为例,在 3.1 节～3.4 节中分别介绍如何利用故障树分析法、事件树分析法、蝶形图分析法、贝叶斯网络分析法对恐怖组织获取核生化武器的风险进行分析。

3.1 故障树分析法

故障树是用来识别和分析造成特定事件(称作顶事件)可能因素的技术,这里的"可能因素"即被定义为"故障"。在社会安全风险分析中,可以将社会安全突发事件视为顶事件,将影响或导致事件发生的风险要素视为"故障",通过基于专家知识的方法对故障进行识别,进而将顶事件与各层次故障之间用逻辑门符号连接起来,并用树形图进行表示,从而实现对社会安全事件的风险分析。树形图描述了风险要素(故障)与社会安全事件之间的逻辑关系。

故障树中识别的风险要素可以是人员、组织的行为,也可以是物品、场所、环境的状态,或者是其他关联事件的影响。故障树既可以用来对顶事件的潜在原因及发展演化路径进行定性分析,也可以在掌握风险要素的相关数据之后,定量计算社会安全事件的发生概率。图 3-1 所示为 FTA 的结构示例。

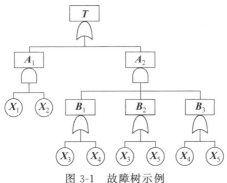

图 3-1　故障树示例

故障树可以应用于社会安全事件发生之前,用以识别故障发生的方式和导致重大事件的各类路径的相对重要性,以及对不同的防御、应急方案的比较、优化;也可以应用于社会安全事件发生之后,通过图形来显示不同风险要素如何共同作用造成故障,进而最终导致社会安全事件的发生。

3.1.1 故障树分析法的实施步骤

故障树分析法的实施步骤如图 3-2 所示。

(1)输入

对于定性分析,需要了解故障原因(风险要素)及导致事件发生的方式;对于定量分析,需要了解故障树中各故障的发生概率。

(2)过程

建立故障树的步骤包括:

① 界定分析对象和需要分析的对象事件(顶事件);

② 从顶事件入手,识别造成顶事件的直接原因;

③ 调查原因事件(故障),对每个故障进行分析,以识别造成故障的原因(人员、组织的行为,物品、场所、环境的状态,或者其他关联事件的影响);

④ 分步骤地、自上而下地开展系统性分析,直到进一步分析不会发现任何故障事项为止,处于分析中系统最低水平的事项及原因称作基本事件;

图 3-2　故障树分析法的实施步骤

⑤ 定性分析,按故障树结构进行简化,确定各基本事件的结构重要度;

⑥ 定量分析,找出各基本事件的发生概率,计算出顶事件的发生概率,计算出概率重要度和临界重要度。对于每个控制节点而言,所有的输入数据都必不可少,并足以产生输出事项;对于故障树的逻辑冗余部分,可以通过布尔代数运算法则来进行简化;

⑦ 除了估算顶事件发生的可能性之外,还要识别那些形成顶事件独立路径的最小分割集合,并计算它们对顶事件的影响。除了简单的故障树之外,当故障树存在几处重复事件时,需要通过算法进行计算,得到最小割集。

(3)输出

故障树分析的输出结果包括:

① 顶事件发生方式的示意图,并可显示各路径之间的相互关系;

② 最小分割集合清单(单个故障路径),并说明每个路径的发生概率(如果有相关数据);

③ 顶事件的发生概率。

以下简要介绍最小割集及其求解方法。

能够引起顶事件发生的最低限度的基本事件的集合(通常把满足某些条件或具有某种共同性质的事物的全体称为集合,属于这个集合的每个事物叫元素)称为最小割集。

图 3-1 的示例中所示的故障树的结构函数表达式为

$$T = A_1 + A_2$$
$$= A_1 + B_1 B_2 B_3$$
$$= X_1 X_2 + (X_3 + X_4)(X_3 + X_5)(X_4 + X_5)$$
$$= X_1 X_2 + X_3 X_3 X_4 + X_3 X_4 X_4 + X_3 X_4 X_5 + X_4 X_4 X_5 + X_4 X_5 X_5 +$$
$$\quad X_3 X_3 X_5 + X_3 X_5 X_5 + X_3 X_4 X_5 \tag{3-1}$$

利用布尔代数法可以得到

$$T = X_1 X_2 + X_3 X_3 X_4 + X_3 X_4 X_4 + X_3 X_4 X_5 + X_4 X_4 X_5 + X_4 X_5 X_5 +$$
$$\quad X_3 X_3 X_5 + X_3 X_5 X_5 + X_3 X_4 X_5$$
$$= X_1 X_2 + X_3 X_4 + X_3 X_4 X_5 + X_4 X_5 + X_3 X_5 + X_3 X_4 X_5$$
$$= X_1 X_2 + X_3 X_4 + X_4 X_5 + X_3 X_5 \tag{3-2}$$

3.1.2　故障树分析法的优点及局限

故障树分析法的优点包括：

① 提供了一种系统、规范的方法，同时有足够的灵活性，可以对各种风险要素进行分析；

② 运用简单的"自上而下"方法，可以关注那些与顶事件直接相关的故障的影响；

③ 图形化的表示有助于理解系统行为及其所包含的因素；

④ 对故障树的逻辑分析和对分割集合的识别有利于识别高度复杂系统中的简单故障路径；

故障树分析法的局限性包括：

① 如果基本事件的概率有较大的不确定性，计算出的顶事件概率的不确定性也较大；

② 有时很难确定导致顶事件的所有路径；

③ 故障树是一个静态模型，无法处理时序上的相互关系；

④ 分析人员或专家必须非常熟悉对象系统，具有丰富的实践经验。

3.1.3　方法应用

1.1.3 节介绍，在美国"9·11"事件后，以常规炸弹、轻武器等常规武器为主要工具的传统恐怖主义正在向以大规模杀伤性武器为工具的超级恐怖主义类型转换，核生化恐怖主义即是其中最重要的几个类型[30]。核生化恐怖袭击事件的发生，具有多个方面的风险要素，包括：恐怖组织的自身动机、武器水平、行动能力，公安、应急管理部门以及相关原材料管理单位的防御、侦查与处置能力，城市自然环境、建筑环境、交通环境等对实施袭击的正面和负面影响等。本节通过故障树，分析恐怖组织通过盗窃和交易两种手段获取核生化物质的风险。故障树结构如图 3-3 所示。故障树中各节点的名称如表 3-1 所示。

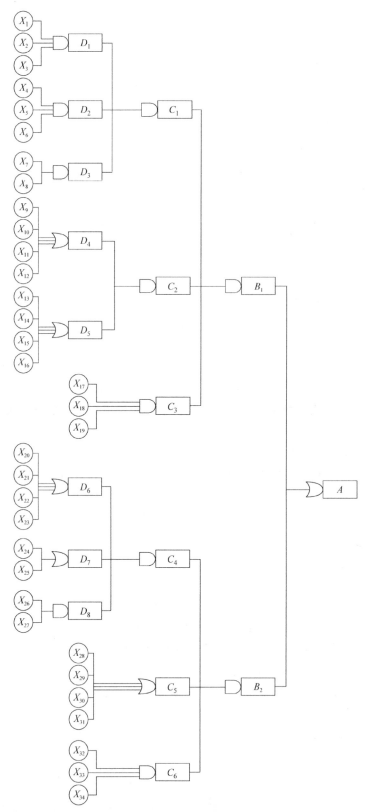

图 3-3　恐怖组织获得核生化物质风险的故障树

表 3-1 恐怖组织获得核生化物质风险的故障树节点名称

节 点 编 号	节 点 名 称
X_1	具有合理接触目标原料的身份
X_2	拥有作案团伙
X_3	拥有盗窃经验
X_4	熟悉盗窃目标单位的工作方式
X_5	掌握盗窃目标单位的安全管理措施
X_6	掌握盗窃目标单位的安防与保卫措施
X_7	具有制定完善的盗窃计划的能力
X_8	具有完备的作案工具
X_9	聘用人员审核不严格
X_{10}	未定期开展安全教育
X_{11}	未落实安全监督制度
X_{12}	安全检查不严格
X_{13}	出入库管理不严格
X_{14}	违反原料存储规定
X_{15}	视频监控覆盖率低
X_{16}	无入侵报警系统
X_{17}	目标原料易于携带
X_{18}	目标原料的危害性弱
X_{19}	目标单位原料存量大
X_{20}	卖方有非法交易经验
X_{21}	卖方有反方势力支持
X_{22}	卖方有非法交易途径
X_{23}	卖方有核生化原料来源
X_{24}	买方有非法交易经验
X_{25}	买方有反方势力支持
X_{26}	双方交易渠道隐蔽
X_{27}	双方联系渠道隐蔽
X_{28}	打击偷渡能力弱
X_{29}	警方与交易地警方合作不密切
X_{30}	监测非法交易能力弱
X_{31}	核生化原料检测能力弱

节 点 编 号	节 点 名 称
X_{32}	双方交易的原料易于携带
X_{33}	双方交易的原料危害性弱
X_{34}	双方交易的原料稀有程度低
D_1	盗窃参与人能力强
D_2	盗窃参与人掌握盗窃目标信息程度高
D_3	前期准备充足
D_4	盗窃目标单位人员管理不严格
D_5	盗窃目标单位对于原料管理不严格
D_6	卖方可靠性高
D_7	买方可靠性高
D_8	交易安全性高
C_1	参与盗窃人员威胁程度高
C_2	盗窃目标单位的安全管理水平低
C_3	盗窃者盗取的原料获取难度低
C_4	交易的可靠性高
C_5	警方打击非法交易能力弱
C_6	双方交易的原料获取难度低
B_1	盗窃获得原料
B_2	非法交易获得原料
A	获得核生化原料

根据故障树可知,恐怖组织获得核生化原料的风险事件 A 可以表达为

$$A = B_1 + B_2 = C_1 \cdot C_2 \cdot C_3 + C_4 \cdot C_5 \cdot C_6 = D_1 \cdot D_2 \cdot D_3 \cdot D_4 \cdot D_5 \cdot C_3 + D_6 \cdot D_7 \cdot D_8 \cdot C_5 \cdot C_6$$

$$= X_1 \cdot X_2 \cdot X_3 \cdot X_4 \cdot X_5 \cdot X_6 \cdot X_7 \cdot X_8 \cdot (X_9 + X_{10} + X_{11} + X_{12}) \cdot$$
$$(X_{13} + X_{14} + X_{15} + X_{16}) \cdot X_{17} \cdot X_{18} \cdot X_{19} + (X_{20} + X_{21} + X_{22} + X_{23}) \cdot$$
$$(X_{24} + X_{25}) \cdot X_{26} \cdot X_{27} \cdot (X_{28} + X_{29} + X_{30} + X_{31}) \cdot X_{32} \cdot X_{33} \cdot X_{34} \tag{3-3}$$

3.2 事件树分析法

事件树分析(event tree analysis,ETA)着眼于事件的起因,即初因事件。在社会安全风险分析中,事件树从事件的起始状态出发,按照一定的顺序,分析初因事件可能导致的各种情况的后果,从而实现定性或定量的风险分析。该方法中事件的序列以树图形式表示,故称事件树。事件树具有发散的树形结构,能够反映出引起初因事件加剧或缓解的子事件。

事件树分析适用于多环节事件的风险分析,既可用于定性分析,也可用于定量分析。在定性分析中,可以首先利用基于专家知识的方法,对初始事件之后可能出现的情景进行识别、分析,同时对各种风险防控、干预手段对后果的影响提出各种观点。定量分析则用于分析风险防控、干预手段的可接受性。图 3-4 所示为 ETA 的应用示例。

3.2.1 事件树分析法的实施步骤

事件树分析法的实施步骤如图 3-5 所示。

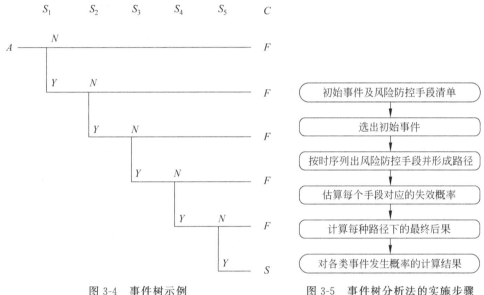

图 3-4 事件树示例   图 3-5 事件树分析法的实施步骤

（1）输入

① 初始事件清单;

② 针对初始事件的风险防控、干预手段及其失效概率。

（2）过程

① 首先选出初始事件,即可能发生的社会安全事件;

② 将旨在缓解或消除事件后果的风险防控、干预手段按时序列出,用一条线来代表每个风险防控、干预手段的成功或失败;

③ 每条线都应标出一定的失效概率,通过专家判断或故障树分析的方法来估算这种条件概率。事件树的每条路径代表着该路径内各种事项发生的概率;

④ 用单个条件概率与初始事件发生频率的乘积来表示每种路径下的最终后果。

（3）输出

① 对潜在问题进行定性描述,并将这些问题视为包括初始事件同时能产生各类问题的综合事件;

② 对各类事件的发生概率（或频率）以及事件发生序列、各类事件相对重要性的估算;

③ 降低风险的措施清单;

④ 风险防控、干预手段的定量评价。

3.2.2 事件树分析法的优点及局限

事件树分析法的优点包括：

① 用简单图形方法给出初始事件之后的全部潜在情景；

② 能说明时机、依赖性，以及在故障树模型中很繁琐的多米诺效应；

③ 清晰地体现了事件的发展顺序，这是故障树不能表现的。

事件树分析法的局限性包括：

① 为了将事件树作为综合评估的组成部分，一切潜在的初始事件都要进行识别，这可能需要使用其他分析方法，但总是有可能错过一些重要的初始事件或事项；

② 事件树很难将具有延迟见效特点的风险防控措施纳入其中；

③ 任何分析路径都取决于该路径上之前的分支点处发生的事项，因此要分析各可能路径上众多的从属因素。然而，专家可能会忽视某些从属因素，从而导致风险分析过于乐观。

3.2.3 方法应用

在 3.1.3 节中，介绍了通过故障树分析恐怖组织获取核生化物质的风险的方法，本节在此基础上，运用事件树，分析恐怖组织在获取了核生化物质的前提下，自主研制并成功获得核生化武器的风险。事件树如图 3-4 所示，C 表示武器制备的结果，S 表示成功，F 表示失败。分支点编号的名称如表 3-2 所示。

表 3-2　恐怖组织自主研制获得核生化武器风险的事件树分支点名称

分支点编号	节点名称
S_1	制备期间成功躲避警察追捕
S_2	具备制作核生化武器的知识水平
S_3	拥有制作核生化武器的技术设备
S_4	具备释放装置
S_5	制备期间未发生安全事件

根据事件树结构可知，恐怖组织成功制备核生化武器事件的风险 S 可以表示为

$$S = A \cdot S_1 \cdot S_2 \cdot S_3 \cdot S_4 \cdot S_5 \tag{3-4}$$

3.3　蝶形图分析法

蝶形图分析(bow-tie analysis)是一种简单的图解形式，用来描述并分析某个风险从原因到结果的路径。该方法可被视为分析事项起因(由蝶形图的结代表)的故障树和分析事项结果的事件树这两种方法的统一体。但是，蝶形图的关注重点是在风险形成路径上存在哪些预防措施及其实际效果。在构建蝶形图时，首先要从故障树和事件树入手，图形通常通过头脑风暴法等基于专家知识的方法绘制出来。

蝶形图分析通常被用来显示风险的一系列可能的原因和后果，当导致事件的路径清晰而独立时，蝶形图分析通常具有较好的效果。

与故障树及事件树相比，蝶形图通常更易于理解。图 3-6 所示为蝶形图的应用示例。

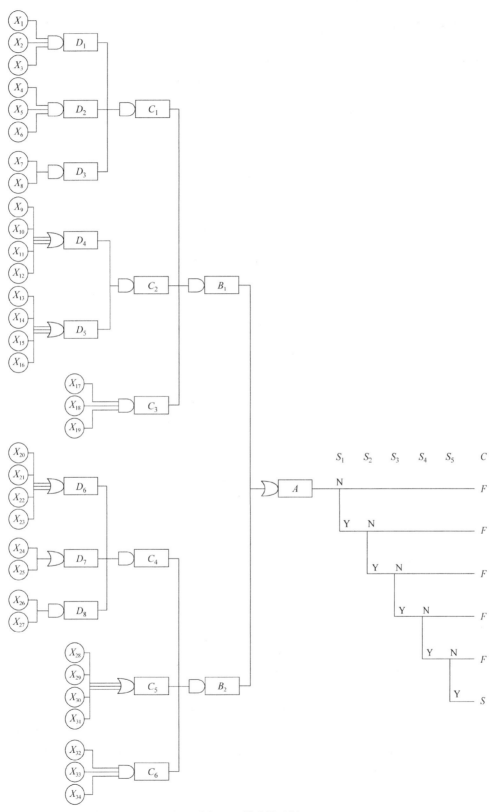

图 3-6　蝶形图示例

3.3.1　蝶形图分析法的实施步骤

蝶形图分析法的实施步骤如图 3-7 所示。

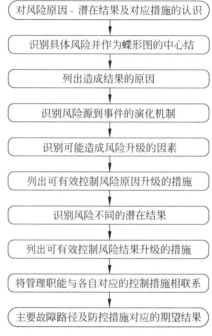

对风险原因、潜在结果及对应措施的认识

识别具体风险并作为蝶形图的中心结

列出造成结果的原因

识别风险源到事件的演化机制

识别可能造成风险升级的因素

列出可有效控制风险原因升级的措施

识别风险不同的潜在结果

列出可有效控制风险结果升级的措施

将管理职能与各自对应的控制措施相联系

主要故障路径及防控措施对应的期望结果

图 3-7　蝶形图分析法的实施步骤

（1）输入

对社会安全风险的原因和结果以及对应的风险防控措施的认识。

（2）过程

蝶形图的实施步骤如下：

① 识别需要分析的具体风险，并将其作为蝶形图的中心结；

② 列出造成结果的原因；

③ 识别风险源到事件的演化机制；

④ 在蝶形图左手侧的每个原因与结果之间划线，识别哪些可能造成风险升级的因素并将这些因素纳入图表中；

⑤ 如果某些因素可有效控制风险原因的升级，用条形框列出这些"控制措施"；

⑥ 在蝶形图右侧，识别风险不同的潜在结果，并以风险为中心向各潜在结果处绘制出放射状线条；

⑦ 如果某些因素可有效控制风险结果的升级，用条形框列出这些"控制措施"；

⑧ 管理职能（如培训和检查）应表示在蝶形图中，并与各自对应的控制措施相联系。

在路径独立、结果的可能性已知的情况下，可以对蝶形图进行一定程度的量化，同时可以估算出控制效果的具体数字。

（3）输出

输出蝶形图表结果，可以说明主要的故障路径以及风险防控措施对应的期望结果。

3.3.2　蝶形图分析法的优点及局限

蝶形图分析法的优点包括：

① 用图形清晰表示问题，便于理解；

② 可用于分析风险防控措施的效能；

③ 使用时不需要较高的专业知识水平。

蝶形图分析法的局限性包括：

① 无法描述当多种原因同时作用并产生结果时的情形；

② 可能会过于简化复杂情况，尤其是在试图进行定量分析的情况下。

3.3.3　方法应用

蝶形图方法可被视为分析事项起因（由蝶形图的结代表）的故障树和分析事项结果的事件树这两种方法的统一体。因此，在本章的案例中，决定恐怖组织获取制作核生化武器原料这一风险的原因，即可视为 3.1.3 节中介绍的各种"故障"的最小割集，而结果则是由 3.2.3 节介绍的由事件树分析得到的结果，即是否成功制备出核生化武器，以"获得核生化原料"为结，将故障树与事件树结合，可以得到如图 3-6 所示的蝶形图。

假设各节点的概率值如表 3-3 所示，则可根据式（3-3）计算得到恐怖组织"获得核生化原料"的概率为 0.0247，根据式（3-4）计算得到恐怖组织"获得核生化武器"的概率为 0.00269。

表 3-3　蝶形图各节点概率值

节点编号	节点名称	概率值
X_1	具有合理接触目标原料的身份	0.1
X_2	拥有作案团伙	0.6
X_3	拥有盗窃经验	0.95
X_4	熟悉盗窃目标单位的工作方式	0.95
X_5	掌握盗窃目标单位的安全管理措施	0.55
X_6	掌握盗窃目标单位的安防与保卫措施	0.3
X_7	具有制定完善的盗窃计划的能力	0.9
X_8	具有完备的作案工具	0.7
X_9	聘用人员审核不严格	0.02
X_{10}	未定期开展安全教育	0.15
X_{11}	未落实安全监督制度	0.05
X_{12}	安全检查不严格	0.05
X_{13}	出入库管理不严格	0.05
X_{14}	违反原料存储规定	0.1
X_{15}	视频监控覆盖率低	0.05

节点编号	节点名称	概率值
X_{16}	无人侵报警系统	0.5
X_{17}	目标原料易于携带	0.4
X_{18}	目标原料的危害性弱	0.4
X_{19}	目标单位原料存量大	0.2
X_{20}	卖方有非法交易经验	0.6
X_{21}	卖方有反方势力支持	0.35
X_{22}	卖方有非法交易途径	0.55
X_{23}	卖方有核生化原料来源	0.7
X_{24}	买方有非法交易经验	0.7
X_{25}	买方有反方势力支持	0.25
X_{26}	双方交易渠道隐蔽	0.6
X_{27}	双方联系渠道隐蔽	0.7
X_{28}	打击偷渡能力弱	0.35
X_{29}	警方与交易地警方合作不密切	0.2
X_{30}	监测非法交易能力弱	0.4
X_{31}	危害性原料检测能力弱	0.3
X_{32}	双方交易的原料易于携带	0.15
X_{33}	双方交易的原料危害性弱	0.3
X_{34}	双方交易的原料稀有程度低	0.5
S_1	制备期间成功躲避警察追捕	0.55
S_2	具备制作核生化武器的知识水平	0.6
S_3	拥有制作核生化武器的技术设备	0.55
S_4	具备释放装置	0.8
S_5	制备期间未发生安全事件	0.75

3.4　贝叶斯分析法

　　贝叶斯思想是由英国数学家贝叶斯(Tomas Bayes)提出,与古典的统计思想不同之处在于:频率学派[31]认为,概率等同于长时间内或多次试验结果中某一事件发生的频率,例如在长期看来,飞机发生事故的概率等同于飞机事故的频率值。贝叶斯学派认为,概率是对每一件事情发生的相信程度,这样的解释对于没有长期频率的事件(例如只发生一次的事件)来说更具有逻辑性。后人将贝叶斯思想和有关公式总结为贝叶斯分析方法,应用于专家系统,成为表示不确定性专家知识和推理的一种重要的方法[32]。

贝叶斯方法[33]的原理为:假设 $X_1, X_2, \cdots, X_d$ 是某个过程中若干可能的前提条件,则 $P(X_i)$ 是事先对各个前提条件出现可能性大小的估计,即先验概率,它反映了人们对事物的先验知识,且 $0 \leqslant P(X_i) \leqslant 1, \sum_{i=1}^{d} P(X_i) = 1$;在 X_i 的前提下,事件 A 发生的概率为 $P(A \mid X_i)$,计算公式如式(3-5);运用贝叶斯公式,如公式(3-6),可计算得到事件 A 发生的条件下,事件 X_i 发生的概率为 $P(X_i \mid A)$,即后验概率,也称条件概率。$P(A \mid X_i)P(X_i) + P(A \mid \overline{X}_i)P(\overline{X}_i)$ 为全概率,故后验概率又可写成公式(3-7)的形式,表示 $P(X_i \mid A)$ 与 $P(A \mid X_i)P(X_i)$ 成比例。

$$P(A \mid C) = \frac{P(A \bigcap C)}{P(C)} \tag{3-5}$$

$$P(X_i \mid A) = \frac{P(A \mid X_i)P(X_i)}{P(A \mid X_i)P(X_i) + P(A \mid \overline{X}_i)P(\overline{X}_i)} \tag{3-6}$$

$$P(X_i \mid A) \propto P(A \mid X_i)P(X_i) \tag{3-7}$$

贝叶斯网络(Bayesian network)[34]亦称"信念网络"(belief network),借助有向无环图(directed acyclic graph,DAG)来刻画属性之间的依赖关系,并使用条件概率表(conditional probability table,CPT)来描述属性之间的联合概率分布。

一个贝叶斯网络 B 由结构 G 和参数 θ 两部分构成,即 $B = (G, \theta)$。网络结构 G 是一个有向无环图,每个节点对应于一个属性,若两个属性有直接依赖关系,则他们由一条边连接起来;参数 θ 定量描述了这种依赖关系,假设属性 x_i 在 G 中的父节点集为 π_i,则 θ 包含了每个属性的条件概率 $\theta_{x_i \mid \pi_i} = P_B(x_i \mid \pi_i)$。

贝叶斯网络的结构有效地表达了属性间的条件独立性,给定父节点集,贝叶斯网络假设每个属性与它的非后裔属性独立,于是 $B = (G, \theta)$ 将属性 $x_1, x_2, \cdots, x_d$ 的联合概率分布定义为

$$P_B(x_1, x_2, \cdots, x_d) = \prod_{i=1}^{d} P_B(x_i \mid \pi_i) = \prod_{i=1}^{d} \theta_{x_i \mid \pi_i} \tag{3-8}$$

在贝叶斯网络中三个变量之间的典型依赖关系有三种,分别为"同父结构""V 形结构"和"顺序结构",如图 3-8 所示。

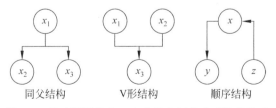

图 3-8　贝叶斯网络中三个变量之间的典型依赖关系

在"同父结构"中给定 x_1 的取值,则 x_2 与 x_3 条件独立;"V 形结构"亦称"冲撞结构",结构中给定子节点 x_3 的值,x_1 与 x_2 必不独立,但若 x_3 的值完全未知,x_1 与 x_2 则相互独立;在"顺序结构"中给定 x 的值,则 y 与 z 独立。

在实际的分析过程中,贝叶斯网络中属性之间的依赖关系往往是未知的,因此需要根

据训练数据集来确定结构最优的贝叶斯网络。"评分搜索"[35]是求解这一问题的常用办法，其步骤为：先定义一个评分函数，以此来评估贝叶斯网络与训练数据集的契合程度，然后基于这个评分函数寻找结构最优的贝叶斯网络。常用的评分准则通常基于信息论准则，此类准则将学习问题看作一个数据压缩问题，学习目标是找到一个能以最短编码长度描述数据的模型，此时编码长度包括描述模型本身所需的字节长度和使用该模型描述数据所需的字节长度。贝叶斯学习问题模型即为一个贝叶斯网络，同时，每个贝叶斯网络描述了一个在训练数据上的概率分布，则存在一套编码机制能使那些经常出现的样本具有更短的编码，因此，选择那个综合编码长度更短的贝叶斯网络。以上准则称为最小描述长度（minimal description length，MDL）准则。贝叶斯网络训练好之后即可进行贝叶斯推断，即通过一些属性变量的观测值（证据）来推断其他属性变量的取值。最理想的做法是直接根据贝叶斯定义的联合概率分布来得到精确的后验概率，但当网络节点较多、连接较为稠密时，难以进行精确推断，此时应借助"近似推断"，即通过降低精度要求，在有限的时间内求得近似解。

3.4.1 贝叶斯网络的实施步骤

贝叶斯网络的实施步骤如图 3-9 所示。

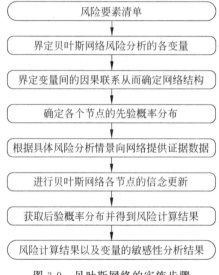

图 3-9　贝叶斯网络的实施步骤

（1）输入

① 社会安全事件的风险表达；

② 影响社会安全事件风险的风险要素清单。

（2）过程

① 根据风险要素清单，界定贝叶斯网络风险分析的各变量；

② 通过基于专家知识的方法（见第 2 章）或者基于数据挖掘的方法（见第 5 章）界定变量间的因果联系，从而确定贝叶斯网络结构；

③ 通过基于专家知识的方法（见第 2 章）或者基于数据挖掘的方法（见第 5 章）确定各个节点的先验概率分布；

④ 根据具体风险分析情景,向贝叶斯网络提供证据数据;

⑤ 进行贝叶斯网络各节点的信念更新;

⑥ 获取后验概率分布,得到风险计算结果,并进行变量的敏感性分析,从而分析风险要素对风险值的影响。

（3）输出

① 特定情景下的风险计算结果;

② 各个变量的敏感性分析结果。

3.4.2　贝叶斯分析法的优点及局限

贝叶斯统计及贝叶斯网络的优点包括:

① 仅需要相关的先验知识;

② 推导式的证明易于理解;

③ 提供了一种利用客观信念解决问题的机制。

贝叶斯统计及贝叶斯网络的局限性包括:

① 对于复杂系统,确定贝叶斯网中所有节点之间的相互作用是相当困难的;

② 贝叶斯方法需要众多的条件概率知识,在数据不充分的情况下,通常需要专家判断提供,难以完全避免专家意见主观性。

3.4.3　方法应用

根据 3.3.3 节建立的恐怖组织获得核生化武器风险的蝶形图,首先建立对应的贝叶斯网络结构,如图 3-10 所示。各节点的名称与说明如表 3-4 所示。

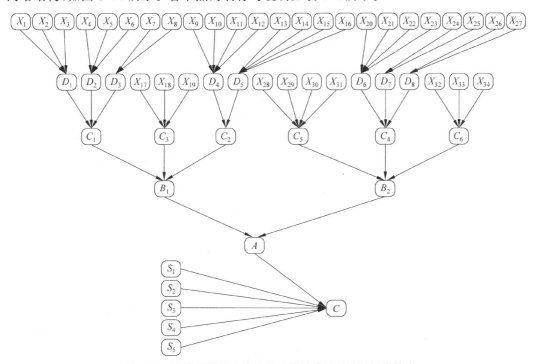

图 3-10　恐怖组织获得核生化武器风险的贝叶斯网络结构

表 3-4　贝叶斯网络节点名称与说明

节点编号	节点名称	节点状态值	节点说明
X_1	是否具有合理接触目标原料的身份	① 是 ② 否	盗窃者是否具有合理的身份,以便能够顺利接触到核生化原料。例如维修养护人员、有关监督部门的公职人员等,拥有该身份在一定程度上可以增加实施盗窃的成功率
X_2	是否拥有作案团伙	① 是 ② 否	盗窃行为实施主体是否为某一盗窃团伙。如果是团伙作案,则可能在盗窃过程中进行观望、实施、接应等多人分工合作,一定程度上可以增加盗窃成功率
X_3	是否拥有盗窃经验	① 是 ② 否	盗窃者是否拥有偷窃经验,是否熟悉盗窃流程,并具有一定的反侦查意识
X_4	是否熟悉盗窃目标单位的工作方式	① 是 ② 否	盗窃者是否对准备实施盗窃的目标单位的日常工作方式具有一定程度的了解,能够对目标单位的作息时间、人员活动等情况进行分析、判断,从而做出利于盗窃活动有效实施的决策
X_5	盗窃者掌握盗窃目标单位安全管理措施的程度	① 高 ② 一般 ③ 低	盗窃者对于盗窃目标单位的安全管理措施了解程度越高,则发现安全漏洞的可能性就越高,能够支持其制定高成功率的盗窃计划的可能性越大
X_6	盗窃者掌握盗窃目标单位安防与保卫措施的程度	① 高 ② 一般 ③ 低	盗窃者对于盗窃目标单位的安防与保卫措施了解程度越高,则在实施盗窃过程中能够有效躲避安防与保卫措施的能力越强
X_7	是否具有制定完善的盗窃计划的能力	① 是 ② 否	盗窃者在掌握盗窃目标单位信息的前提下,是否可以制定出对盗窃行为具有指导作用的实施计划
X_8	是否具有完备的作案工具	① 是 ② 否	盗窃者在实施盗窃前,是否能够准备相应的作案工具,并且工具的选取是否合理有效
X_9	聘用人员审核是否严格	① 是 ② 否	盗窃目标单位在聘用工作人员过程中,对应聘者的综合素质、可靠程度是否进行严格审核
X_{10}	是否定期开展安全教育	① 是 ② 否	盗窃目标单位是否定期对工作人员开展安全教育活动
X_{11}	是否落实安全监督制度	① 是 ② 否	对核生化原料进行使用时,是否有安全员进行监督,以防止出现不当操作等不安全行为,保障核生化原料的使用安全
X_{12}	安全检查是否严格	① 是 ② 否	是否严格落实核生化原料安全检查制度,定期对操作环境、存储环境、承载设备进行检查,及时排除安全隐患,保障核生化原料的安全状态
X_{13}	是否严格落实出入库管理制度	① 是 ② 否	核生化原料的出入库管理是否严格执行相关要求,每次取用、归库是否落实出入库管理制度
X_{14}	是否违反原料存储规定	① 是 ② 否	核生化物质的贮存容器是否具有适当屏蔽效果,放置是否遵循合理有序、易于取放的原则。核生化物质贮存室是否定期进行剂量监测,储源容器表面是否具有带有明细的电离辐射标志
X_{15}	视频监控覆盖率	① 高 ② 一般 ③ 低	盗窃目标单位的视频监控覆盖率越高,对于盗窃违法行为的限制、震慑作用越强

续表

节点编号	节点名称	节点状态值	节点说明
X_{16}	是否拥有入侵报警系统	① 是 ② 否	入侵报警系统能够通过传感器技术和电子信息技术探测并指示盗窃者非法进入或试图非法进入设防区域的行为,及时发出报警信息。盗窃目标单位是否拥有入侵报警系统,将对盗窃者实施盗窃行为产生不同的阻力
X_{17}	目标原料便携程度	① 高 ② 一般 ③ 低	目标原料的便携程度越高,盗窃者展开逃逸、藏匿等后续违法行为的难度越小
X_{18}	目标原料危害性	① 强 ② 一般 ③ 弱	目标原料危害性越弱,表征盗窃者需要对自身采取的防护措施越简单,躲避侦查监测越容易,盗窃难度越低
X_{19}	目标单位原料存量	① 较多 ② 一般 ③ 较少	盗窃目标单位的原料存量越多,原料的存储防护难度越高,对于盗窃者而言,其发现管理漏洞、进行盗窃的成功率越高
X_{20}	卖方是否拥有非法交易经验	① 是 ② 否	原料贩卖方在本次非法交易之前是否拥有相关违法经验,对于本次违法行为是否能够躲避警方的侦查打击具有影响
X_{21}	卖方是否拥有反方势力支持	① 是 ② 否	原料贩卖方背后是否得到反方势力支持,表征其与恐怖分子进行非法交易的意愿强烈程度
X_{22}	卖方是否拥有非法交易途径	① 是 ② 否	原料贩卖方是否拥有稳定且隐蔽的非法交易途径,表征其在交付原料、躲避警方侦查等方面的能力强弱
X_{23}	卖方是否拥有核生化原料来源	① 是 ② 否	原料贩卖方是否拥有稳定的核生化原料来源,表征非法交易的可靠性强弱;当原料贩卖方通过偶然获得的方式拥有核生化原料时,表示交易可靠性较弱
X_{24}	买方是否拥有非法交易经验	① 是 ② 否	原料购置方在本次非法交易之前是否拥有相关违法经验,对于本次违法行为是否能够躲避警方的侦查打击具有影响
X_{25}	买方是否拥有反方势力支持	① 是 ② 否	原料购置方背后是得到反方势力支持,表征其与原料贩卖方进行非法交易的意愿强弱
X_{26}	双方交易渠道是否隐蔽	① 是 ② 否	交易双方对交易内容达成一致之后,卖方交付核生化原料以及买方支付钱款的过程是否隐蔽
X_{27}	双方联系渠道是否隐蔽	① 是 ② 否	交易双方进行接洽商谈的渠道途径是否足够隐蔽,谈论交易内容的过程能够躲避警方侦查打击
X_{28}	打击偷渡能力	① 强 ② 弱	当核生化原料作为交易物时,为躲避入境检查,交易双方极有可能选择偷渡入境的方式进行带货或出货,因此警方打击偷渡行为的能力强弱对非法交易行为产生不同大小的阻力
X_{29}	警方与交易地警方合作密切程度	① 密切 ② 不密切	当非法交易行为发生在两个及两个以上国家时,警方与交易行为发生的当地警方的合作密切程度
X_{30}	监测非法交易能力	① 强 ② 弱	警方通过网络、通信、巡查等侦查手段监测非法交易行为的能力
X_{31}	核生化原料检测能力	① 强 ② 弱	在非法交易最后阶段,交易双方携带、交付以及转移核生化原料时,现有的安全检查手段对于原料的检测能力

续表

节点编号	节点名称	节点状态值	节点说明
X_{32}	双方交易的原料便携程度	① 高 ② 一般 ③ 低	此类非法交易中,伴随核生化原料通过携带、交付、转移等方式在空间位置上发生移动,因此该核生化原料的便携程度越高,则交易该物质的难度相应越低
X_{33}	交易原料的危害性	① 强 ② 一般 ③ 弱	交易原料危害性越低,则交易双方需要采取的防护措施相应越简单,同时转移原料过程中,被检测设备发现的可能性越低
X_{34}	交易原料的稀有程度	① 高 ② 一般 ③ 低	双方所交易的原料稀有程度越低,表征交易双方获取该核生化原料的难度越低
D_1	盗窃参与人能力	① 强 ② 一般 ③ 弱	盗窃者关于盗窃行为各项综合能力水平不同,将对盗窃目标单位乃至社会安全造成不同的现实威胁
D_2	盗窃参与人掌握盗窃目标信息程度	① 高 ② 一般 ③ 低	盗窃者掌握盗窃目标的信息程度,能够影响盗窃者做出不同决策
D_3	前期准备是否充足	① 是 ② 否	盗窃者是否具有完备的作案工具及翔实的作案计划,表征其盗窃前期准备是否充足
D_4	盗窃目标单位人员管理严格程度	① 严格 ② 一般 ③ 不严格	盗窃目标单位对于工作人员管理的严格程度不同,将对工作人员安全防范意识、单位整体安全性产生不同影响
D_5	盗窃目标单位对于原料管理严格程度	① 严格 ② 一般 ③ 不严格	核生化原料的存储环境、设备、方式、场所、温度、通风等都会对核生化原料的安全状态产生影响,对于核生化原料的日常管理应该符合相关规定
D_6	卖方可靠性	① 高 ② 一般 ③ 低	原料贩卖方的交易意愿越强,相关违法行为经历越多,表明卖方进行交易时的可靠性越高
D_7	买方可靠性	① 高 ② 一般 ③ 低	原料购置方的交易意愿越强,相关违法行为经历越多,表明买方进行交易时的可靠性越高
D_8	交易安全性	① 高 ② 一般 ③ 低	原料交易双方拥有的联系渠道与交易渠道越隐蔽,表示本次非法交易的安全性越高
C_1	参与盗窃人员威胁程度	① 高 ② 一般 ③ 低	盗窃人员的综合能力越强、前期准备越充分,盗窃参与人掌握盗窃目标单位的信息程度越高,表示该盗窃主体对于盗窃目标单位产生的威胁程度越高
C_2	安全管理水平	① 高 ② 一般 ③ 低	盗窃目标单位工作人员的安全防范意识越高,对于核生化原料管理制度落实越严格,表明该单位的安全管理水平越高
C_3	盗窃者盗取的原料获取难度	① 高 ② 低	盗窃目标单位的原料存量越大、目标原料越易于携带、原料危害性越弱,则盗窃者盗取原料的难度越低
C_4	交易的可靠性	① 高 ② 一般 ③ 低	非法交易双方的可靠性越高,非法交易的安全性越高,表征本次非法交易的可靠性越高

续表

节点编号	节点名称	节点状态值	节点说明
C_5	警方打击非法交易能力	① 强 ② 一般 ③ 弱	警方对于核生化物质非法交易的监测能力越强,对于核生化物质的检测能力越强,国际间警务合作越密切,对于非法交易的打击能力越强
C_6	双方交易的原料获取难度	① 高 ② 低	双方交易原料的稀有程度越低,原料核生化威胁程度较弱、较易于携带,则交易双方的原料获取难度越低
B_1	是否成功盗窃获得原料	① 是 ② 否	恐怖组织是否成功通过盗窃手段获得了核生化原料
B_2	是否成功非法交易获得原料	① 是 ② 否	恐怖组织是否成功通过非法交易手段获得了核生化原料
A	是否成功获得核生化原料	① 是 ② 否	恐怖组织是否成功通过盗窃手段或者非法交易手段获得了核生化原料
S_1	制备期间是否成功躲避警察追捕	① 是 ② 否	恐怖组织在制备核生化武器期间是否能够成功躲避来自警方的侦查或追捕,此事件持续到制备核生化武器的最终节点,始终对恐怖组织能否获得核生化武器产生影响
S_2	是否具备制作核生化武器的知识水平	① 是 ② 否	恐怖组织是否拥有相应的核生化武器制备知识,是否能够利用经验知识指导核生化武器制备过程
S_3	是否具有制作核生化武器的技术设施	① 是 ② 否	恐怖组织是否拥有相应的核生化武器制备设施,是否能够对核生化武器原料进行组合装配
S_4	是否具有释放装置	① 是 ② 否	恐怖组织是否拥有引发危害性物质扩散的必要释放装置
S_5	制备期间是否发生安全事件	① 是 ② 否	在整个核生化武器制备过程中,是否发生非预期的安全事件,制备过程是否受到不可抗拒因素影响导致中断
C	是否成功获得核生化武器	① 是 ② 否	恐怖组织是否成功制备出核生化武器

在得到贝叶斯网络结构的基础上,由专家知识得到贝叶斯网络各节点的概率分布。首先,由专家填写各节点概率分布表(以 A 节点为例,如表 3-5 所示),进而根据 D-S 理论(如式(2-11)与式(2-12)所示),得到最终的各节点概率分布。

表 3-5　贝叶斯网络节点概率分布表举例

B_1 与 B_2 节点状态组合		A	
B_1	B_2	① 成功	② 失败
节点分级组合		概率	
成功	成功	1	0
成功	失败	1	0
失败	成功	1	0
失败	失败	0	1

根据各节点的先验概率分布,可以计算求得恐怖组织成功制备出核生化武器的概率为

1.23%。

在此基础上,进行变量敏感性分析。敏感性分析是指从多个风险影响因素中分析得到对目标节点具有显著影响的敏感性因素的不确定性分析技术。表 3-6~表 3-11 讨论了影响恐怖组织成功制备核生化武器风险的主要敏感因素,评估了不同风险因素对后果的影响。

表 3-6　"是否成功获得核生化武器"节点敏感性分析

节　　点	互信息	百分比	信念方差
是否成功获得核生化武器	0.095	100	0.012
是否成功获得核生化原料	0.042	44	0.0014
制备期间是否成功躲避警察追捕	0.011	11	0.00012
是否具有制作核生化武器的技术设施	0.006	6.5	0.00008
是否具备制作核生化武器的知识水平	0.006	6.4	0.00008
是否具有释放装置	0.003	3.5	0.00003
制备期间是否发生安全事件	0.003	3.0	0.00003

影响"是否成功获得核生化武器"节点的敏感性分析结果见表 3-6。从表中数据可以分析得出,节点"是否成功获得核生化武器"主要受到"是否成功获得核生化原料"的影响,拥有核生化原料作为制备核生化武器的必要条件,直接影响到恐怖组织的武器制备结果,因此,安全管理部门对于城市核生化恐怖袭击的预防关口需要前置,对风险源加强防范和管控,从而既降低事件风险,也降低防范打击成本。

表 3-7　"是否成功获得核生化原料"节点敏感性分析

节　　点	互信息	百分比	信念方差
是否成功获得核生化原料	0.46	100	0.087
是否成功非法交易获得原料	0.27	59	0.059
是否成功盗窃获得原料	0.11	24	0.026
交易的可靠性	0.026	5.7	0.0036
警方打击非法交易能力	0.021	4.7	0.0029
安全管理水平	0.008	1.9	0.0012
参与盗窃人员威胁程度	0.004	0.88	0.0005
双方交易的原料获取难度	0.001	0.24	0.0001
盗窃者盗取的原料获取难度	0.0006	0.13	0.00008

表 3-7 数据显示,恐怖组织选择非法交易途径获得原料的可能性明显高于对核生化原料存储单位进行盗窃的可能性,这与核生化物资管理严格、防盗工作较为充分是相关的。因此,应当继续坚持对于核生化原料的严格管理,同时,需要防范恐怖分子通过非法交易手段购置原料,提高警方打击非法交易能力,切断非法交易双方的交易途径。

表 3-8　"是否成功盗窃获得原料"节点敏感性分析

节　　点	互信息	百分比	信念方差
是否成功盗窃获得原料	0.19	100	0.029
安全管理水平	0.023	11	0.0014
参与盗窃人员威胁程度	0.015	7.7	0.0006
盗窃目标单位对于原料管理严格程度	0.009	4.3	0.0004
盗窃目标单位人员管理严格程度	0.003	1.3	0.0002
盗窃参与人能力	0.003	1.3	0.0001
盗窃者盗取的原料获取难度	0.002	0.9	0.00008
盗窃参与人掌握盗窃目标信息程度	0.001	0.6	0.00004
前期准备是否充足	0.0005	0.2	0.00002

　　表 3-8 列出了节点"是否成功盗窃获得原料"对相关节点的敏感性分析结果。如表 3-8 所示,节点"是否成功盗窃获得原料"主要受到"安全管理水平"以及"参与盗窃人员威胁程度"的影响。在对恐怖组织窃取原料的行为进行防范时,应当从加强核生化原料存储单位的安全管理水平入手,落实各项安全制度,避免安全隐患被恐怖组织利用。

表 3-9　"是否成功非法交易获得原料"节点敏感性分析

节　　点	互信息	百分比	信念方差
是否成功非法交易获得原料	0.36	100	0.063
交易的可靠性	0.037	10	0.0038
警方打击非法交易能力	0.031	8.6	0.0031
卖方可靠性	0.004	1.2	0.0004
交易安全性	0.003	0.8	0.0003
买方可靠性	0.002	0.6	0.0002
双方交易的原料获取难度	0.001	0.4	0.0001

　　表 3-9 对于节点"是否成功非法交易获得原料"进行了敏感性分析。该节点主要受到"交易的可靠性"以及"警方打击非法交易能力"的影响。非法交易的可靠性主要通过非法交易双方的交易意愿强烈程度以及双方是否拥有此类违法犯罪经验进行衡量,虽然在"是否成功非法交易获得原料"节点的影响因素中占比最高,但是警方打击此类非法交易的能力不可忽略。加强打击偷渡行为、提高监测非法交易能力以及针对非法交易的国际间警务合作等方式能够提升警方的防范打击能力。

表 3-10　"安全管理水平"节点敏感性分析

节　　点	互信息	百分比	信念方差
安全管理水平	0.87	100	0.18
盗窃目标单位对于原料管理严格程度	0.22	25	0.031

续表

节　　点	互信息	百分比	信念方差
盗窃目标单位人员管理严格程度	0.064	7.4	0.009
是否拥有入侵报警系统	0.020	2.3	0.004
视频监控覆盖率	0.018	2.1	0.003
是否严格落实出入库管理制度	0.009	1.1	0.002
是否违反原料存储规定	0.009	1.0	0.002
是否落实安全监督制度	0.004	0.5	0.0007
是否定期开展安全教育	0.004	0.4	0.0007
安全检查是否严格	0.003	0.3	0.0006
聘用人员审核是否严格	0.003	0.3	0.0006

表 3-10 列出了该节点的相关节点敏感性分析结果,对"是否成功盗窃获得原料"节点中的主要敏感性因素"安全管理水平"进行分析。如表 3-10 所示,"盗窃目标单位对于原料管理严格程度"是最显著的影响因素,因此,在衡量安全管理水平高低的各项指标中,核生化原料存储单位应当重点加强对于原料的管理,严格落实出入库管理制度、积极建设入侵报警系统以及提高视频监控覆盖率。

表 3-11　"警方打击非法交易能力"节点敏感性分析

节　　点	互信息	百分比	信念方差
警方打击非法交易能力	1.2	100	0.29
打击偷渡能力	0.095	7.7	0.018
监测非法交易能力	0.053	4.3	0.012
核生化原料监测能力	0.024	1.9	0.004
警方与交易地警方合作密切程度	0.015	1.2	0.003

表 3-11 对节点"是否成功非法交易获得原料"主要影响因素中的"警方打击非法交易能力"节点进行了敏感性分析。从表中数据可以得出,警方打击偷渡入境行为的能力占比最高。事实表明,非法交易物不具有合法资质,无法通过海关入境,非法交易的双方中的绝大部分都是通过各种偷渡方式进入国境。因此,警方在防范与打击核生化原料非法交易的过程中,应当着重打击各种偷渡入境的行为,切断非法交易双方交付或携带核生化原料的途径。

3.5　本章小结

本章介绍了故障树分析法、事件树分析法、蝶形图分析法、贝叶斯网络分析法 4 种常用的基于情景分析的风险分析方法,均可应用于不同需求下的社会安全风险分析。蝶形图可以通过故障树与事件树的结合而得到,蝶形图的逻辑结构则可以为贝叶斯网络的结构建立提供参考,因此,上述 4 种方法,既可以分别单独使用,也可以结合应用。例如,在 3.1.3 节中,利用故障树,分析了恐怖组织通过盗窃和交易两种手段获取核生化物质的风险,在 3.2.3 节中,利用事件树,分析了恐怖组织在获取了核生化物质的前提下,自主研制并成功获得核生化武器的风险,在 3.3.3 节中,则将故障树和事件树以"获得核生化原料"为结进行了结合,在 3.3.4 节中,依据蝶形图的结构,构建了贝叶斯网络模型,对恐怖组织获取核生化武器这一风险进行了风险分析和敏感性分析。

基于情景分析的方法通常要求弄清风险要素之间的逻辑关系,从而可以通过风险要素之间的逻辑关系建立起情景分析模型。基于情景分析的方法既可以进行定性分析,也可以在获得记录数据或经验数据的前提下,通过结合基于数据挖掘的方法或基于专家知识的方法,进行定量分析,具有较强的普遍适用性,可以用于威胁性、脆弱性和后果等不同风险变量的分析和计算。

4

基于动力学演化的方法

  基于动力学演化的方法依赖于比较确定、成熟的动力学机制、规则和规律,这类方法适用于对风险演化规律、事件预期后果的推演、分析,通常在对风险分析结果精确性、动态性要求较高的情况下使用。由于建模复杂、计算成本高、技术性强,在以往的社会安全风险评估中,这类方法应用较少。随着计算机硬件水平的提高以及仿真模拟技术的不断进步,将基于动力学演化的方法广泛应用于风险分析、提高风险分析的精细化程度已成为可能。本章介绍 2 种较为典型的基于动力学演化的方法,分别是多主体仿真法和数值模拟法。首先将简要介绍两种方法的基本原理和适用范围,重点通过具体案例,介绍两种方法在社会安全风险分析中的具体应用。本章以城市"脏弹"恐怖袭击事件的风险分析为例,在 4.1.2 节介绍应用多主体仿真法分析恐怖组织在获取"脏弹"的情况下,在具体场景中发动袭击的风险演化规律,在 4.2.4 节介绍"脏弹"袭击已经发生的情况下,应用数值模拟法分析风险后果的演化规律。

4.1 多主体仿真法

  多主体仿真(multi-agent simulation,MAS)技术是于 20 世纪 80 年代创建的一种仿真建模方法。MAS 本质上是一种系统建模技术,融合了控制理论、动力学原理、计算机技术,利用系统建模实现对系统未来状态或行为的实验性推演、预测、分析。

  多主体仿真模型的基础是系统中的微观个体,个体具有一定的自治性、智能性和适应性,这些个体在多仿真主体的模型中被称为主体(agent)。多个独立的主体在相互作用下形成系统性网络,即构成了多主体模型。在多主体模型中,主体类型多元,不同类型的每个主体均具有自身的静态属性和动态行为规则。主体在仿真推演过程中,将根据其自身的属性和行为规则实现交互。

  多主体仿真通过对微观主体及主体之间复杂关系的仿真,实现对整个系统中个体微观行为的分析和对宏观规律的"涌现",从而实现对复杂系统或网络关系作用下的社会安全风险分析。具体而言,多主体仿真从微观现象入手,在明确每一个个体属性和自身行为规则的前提下运行整个系统,从而使得整个系统在宏观层次上"涌现"出未被发现的规律,即低层次单元间的交互导致高层次的新现象出现。在社会安全风险分析中,主体既包括了制造风险、引发事件的人员,也包括了承受事件后果的人员和环境,同时还包括了公安、应急管理等预防和应对力量。

可见,主体(agent)是多主体系统中最重要的概念之一。在社会安全风险分析中,主体具有自己的身份背景、知识结构、行为逻辑、决策偏好及预期目标。主体具有独立性、自治性,主体之间具有交互性:独立性指的是单个主体只关注自身的目标,其设计和实现可以独立于其他主体;自治性指主体不仅能够作用于自身,而且可以与环境交互,能够接受环境的反馈信息,重新评估自己的行为;交互性指主体与其他主体之间的协同、竞争等交互行为[36]。

多主体仿真系统的框架包含以下 5 个部分[37]:

(1) 主体(agents),指各种实体 agent,根据具体的仿真需要,可以具有不同的特性。所有的 agent 组成一个 agent 系统。

(2) 环境(environment),指实体 agent 的生存空间或环境基础。

(3) 规则和参数(parameters),既包含仿真参数,也包含预先定义的仿真规则和要求,如环境的设定、agent 的通信规则等。

(4) 交互界面(interface),指仿真系统和用户的接口,是用户控制仿真过程和观察仿真结果的通道,一般是通过辅助 agent 来实现。

(5) 仿真平台(platform),即实现 MAS 计算机模拟的技术平台。

MAS 仿真的主要流程可以概括为[38]:

(1) 分析实际系统,抽象出要解决的关键问题。

(2) 建立针对该问题的多主体系统,明确主体的选择、属性配置及其行为规则。

(3) 在一定的环境规则设定下进行主体行为模拟,从大量主体行为模拟中观测一般规律。

(4) 根据仿真结果解决问题。

在 MAS 的仿真过程中具有反馈环节,将模拟运行结果与实际系统数据对比分析,实现校核、验证,从而促使对模型的改进。可见,多主体系统关注的是大量微观个体的行为及其相互作用。这些行为可以是不同个体之间的直接关系,也可以是许多个体在相同环境作用下的间接关系。多主体系统不是以一个或一组关系的形式,而是以各类不同的主体设定相互的关联方式及强度来体现系统中变量之间的因果关系。在社会安全风险分析中,即通过对个体行为及其相互关系的观察、分析来获得风险演化的结果,从而分析得到社会安全事件的威胁性、脆弱性及后果。

4.1.1　多主体仿真法的适用范围

在社会安全风险分析中,多主体仿真模型可以应用于风险演化过程的分析,通过对影响社会安全事件风险的主体进行属性和规则设置,建立多主体模型,进而实现对风险演化结果的"涌现"。例如,在群体性事件的风险分析中,陈鹏等文献[14-17,39,40]:针对突发性群体事件中的大规模人群聚集行为,建立了基于人群中单个个体的 agent 行为模型,研究了人群规模对群体行为发展的影响效应,发现在一些由突发性事件所引发的群体性暴力活动中,群体行为的失稳和失控是人群从聚集状态向群体性暴力行为转化的一个重要环节。在一定的环境下,人群的密度越高、谣言传播的强度越大,则人群从稳定的聚集状态向暴力性骚乱行为转化的过渡过程持续时间就越短,但人群密度增大到一定程度后对群体行为的影响效应将不再显著,增加现场的警力数量能够有效延缓人群的行为向群体骚乱方向转化的速度,但无法阻止群体行为稳定性的恶化。

4.1.2　方法应用

本节以"脏弹"恐怖袭击风险分析为例,介绍基于多主体仿真的分析方法。

"脏弹"恐怖袭击是一种典型的、非常规的、重特大的社会安全事件,通常具有以下特点[41]:

首先,"脏弹"恐怖袭击可以利用风场的扩散作用转移危害物质。因此,恐怖袭击者可以在城市防御力量薄弱的时间和地点(例如普通开敞空间)实施攻击,并通过扩散作用达到对整个城市实施核污染的目的,既减小了恐怖袭击者自身的风险,也使得安全防控防不胜防。

其次,"脏弹"恐怖袭击危害的空间范围大、持续时间长、致灾途径多。其放射性物质将在风场作用下向四周扩散,极有可能造成远大于炸弹爆炸半径的污染范围,此外,核物质自身的干沉降和降水造成的湿沉降,大量核物质将沉降于地表对人体造成危害。核与辐射恐怖袭击一旦发生,往往造成较长时间的核污染,这主要是由某些放射性物质的长半衰期造成的,例如^{137}Cs的半衰期为30.17年。

再次,"脏弹"恐怖袭击的影响后果极为恶劣。核与辐射恐怖袭击除了对人体造成直接危害之外,还会对城市的生命线系统、经济、社会乃至政治产生极大的负面影响,尤其是公众的心理恐慌作用,也极容易导致群体性事件、谣言等次生、衍生灾害,从而将事件本身的负面影响不断放大。

专门针对城市"脏弹"恐怖袭击风险分析和预防策略的研究较少,且多侧重于事故发生后的应急处置方案研究,对风险防控工作的现实指导有限。本节针对城市"脏弹"恐怖袭击的风险演化分析与预防策略研究的需求,选取我国北方某大型城市的重点区域作为分析场景,利用 Anylogic 软件中多主体建模的仿真方法,结合实际警务工作经验,建立了包括恐怖分子、承灾载体以及城市防御力量等不同类型智能主体在内的仿真模型。多主体仿真模型运行过程中,大量并发的主体独立行为涌现出了全局行为,从而可用来分析"脏弹"恐怖袭击在该区域的风险分布。在此基础上,探讨多种警力配置方法及承灾载体的不同分布情况对于"脏弹"恐怖袭击的影响和风险补偿能力,分析盘查、巡逻、安检等多种不同风险防范手段的有效性,旨在推动此类恐怖袭击事件的预防策略由被动应急向主动防御进行转变,从而为防范策略的制定提供依据。

(1)多主体行为规则的建立

在对现实情况进行抽象描述的基础上,创建了城市防御力量、承灾载体以及恐怖袭击者共三种智能体类型。各类智能主体行为规则如表 4-1 所示。

表 4-1　智能体行为规则表

场景内容	智能体名称	行 为 规 则
城市防御力量	盘查卡口	1. 位于城市重点区域主要路口处,属于城市静态防御力量 2. 对于恐怖袭击者拥有 100% 的识别成功率及一定的盘查覆盖范围 3. 恐怖袭击者能够位于安全距离内对其进行识别,并根据周边实际情况及自身所处状态做出反应
	巡逻警察	1. 在城市重点区域中进行巡逻盘查工作,属于城市动态防御力量 2. 在巡逻盘查的工作状态中,恐怖袭击者能够位于安全距离内对其进行识别,并根据周边实际情况及自身所处状态做出反应 3. 对于恐怖袭击者有一定的识别距离与盘查成功率 4. 当恐怖袭击者位于其识别距离之内时,巡逻警察有一定的盘查成功率将恐怖袭击者捕获 5. 当城市重点区域中的建筑物对于恐怖袭击者有不同的袭击吸引力时,在巡逻盘查过程中有更高概率向袭击吸引力较高的建筑物移动
	便衣警察	1. 在城市重点区域中进行便衣侦查工作,属于城市动态防御力量 2. 在便衣侦查的工作状态中,恐怖袭击者无法对其进行识别,仅在接受便衣盘查过程中有一定的成功逃避盘查可能性 3. 对于恐怖袭击者有一定的识别距离与盘查成功率 4. 当恐怖袭击者位于其识别距离之内时,便衣警察有一定的盘查成功率将恐怖袭击者捕获 5. 当不同的建筑物对于恐怖袭击者有不同的袭击吸引力时,在便衣侦查过程中有更高概率向袭击吸引力较高的建筑物移动
承灾载体	建筑物	1. 位于城市重点区域的不同位置,属于城市静态资源 2. 不同的建筑物对于恐怖袭击者有不同的袭击吸引力 3. 当恐怖袭击者以袭击建筑物作为袭击目标且拥有袭击偏好时,不同的袭击吸引力作为恐怖袭击者是否发动袭击的判别标准之一
	行人	1. 在城市重点区域中自由行动,属于城市动态资源 2. 当恐怖袭击者以造成行人伤亡作为袭击目标时,不同位置的不同行人密度作为恐怖袭击者是否发动袭击的判别标准之一
恐怖袭击者	恐怖分子	1. 在城市重点区域中寻找袭击目标,同时对城市防御力量进行躲避,以期能够成功发动一次恐怖袭击 2. 是否发动袭击受到自身周边环境、建筑物袭击吸引力以及行人密度等判断标准的影响 3. 在成功发动袭击前被三种城市防御力量查获则宣告袭击失败 4. 以建筑物作为袭击目标时,恐怖袭击者能够接触到建筑物对其袭击吸引力越高,则其发动袭击概率越高 5. 以造成行人伤亡作为袭击目标时,恐怖袭击者一旦进入能够造成袭击伤亡预期的位置,则立即发动袭击 6. 恐怖袭击者会优先位于安全位置对巡逻警察与盘查卡口进行躲避,当其无法成功位于安全位置对两类可识别的城市防御力量进行躲避时,则会进入城市防御力量的盘查范围之内

城市防御力量包括盘查卡口、巡逻警察、便衣警察三类智能主体,三者均能够对恐怖袭击起到组织作用,并且能够通过各自的工作方式侦查、捕获恐怖袭击者,通过调整三类智能主体的不同参数设置,可以形成针对"脏弹"恐怖袭击的不同预防策略,进而探讨不同预防

策略下的袭击成功率以及袭击的时空成本。承灾载体包括建筑物与行人两类智能体,二者分别作为恐怖袭击者不同的袭击偏好下的袭击目标,通过调整两类智能体的参数方案,可以研究不同变量对袭击成功率及袭击时空成本的影响。恐怖袭击者特指针对城市重点区域进行"脏弹"恐怖袭击的恐怖分子,该智能体可以针对不同的防范策略做出不同的反应,并且可以针对不同的承灾载体采取不同的袭击策略。

(2)仿真模型算例设置

在充分结合我国警务工作实际情况以及研究区域的地理特征后,对仿真模型中城市防御力量以及承灾载体两种智能主体类型的基本参数完成定义。该重点区域内的日常巡逻警力数量为 10 人,便衣执勤警力数量为 10 人,关键路段及主要路口常设盘查卡口通常为 9~12 个。该重点区域未举办大型活动时,流动行人数量为 1000 人,区域内拥有主要建筑物共计 16 所。静态智能体分布情况如图 4-1 所示。

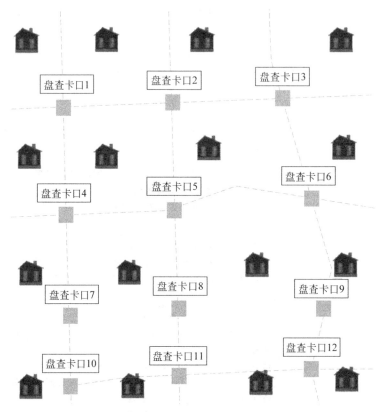

图 4-1 静态智能体分布情况

"脏弹"通常通过引爆传统烈性炸药释放内部放射性物质,形成大范围扩散。袭击造成的伤亡人数以引爆传统烈性爆炸物所处位置为圆心的 10 米范围内所有行人数量作为衡量标准(10 米的有效杀伤半径符合传统烈性爆炸物的有效杀伤距离)。当恐怖袭击者以建筑物为袭击目标时,需要成功到达位于目标建筑物 10 米范围以内的有效袭击位置。

分别以恐怖袭击者的袭击策略以及城市防御力量的防范策略为依据设置仿真算例。其中,参考算例设置为:巡逻警察与便衣警察的盘查成功率 60%,识别距离为 20 米,恐怖袭击者对平民的伤亡预期为 110 人。当恐怖袭击者将造成人员伤亡作为袭击目标时,设置 6 个不同的袭击伤亡期望值的算例,编号为 A1~A6;当恐怖袭击者将建筑物作为袭击目标时,设置 3 个建筑物不同袭击吸引力的分布算例,编号为 B1~B3,具体袭击吸引力分布情况以及恐怖袭击者的进入位置如图 4-2 所示。

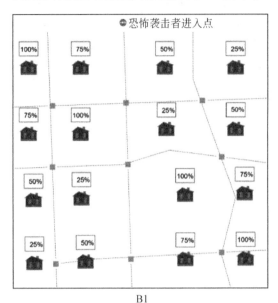

B1

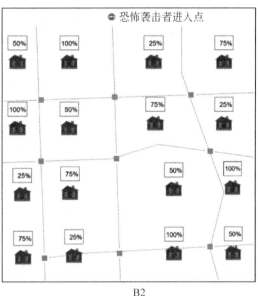

B2

B3

图 4-2　不同建筑物袭击吸引力分布情况

对城市防御力量的不同防范策略,设置 18 个算例,编号为 C1~C18;同一种防范策略中的城市防御力量对应不同的防范能力,设置 9 个算例以区别不同的防范能力,编号为 D1~D9。具体算例设置如表 4-2 所示。

表 4-2　多智能体仿真算例设置

编号	盘查卡口 数量	巡逻警察 数量	巡逻警察 识别成功率/%	巡逻警察 识别距离/m	便衣警察 数量	便衣警察 识别成功率/%	便衣警察 识别距离/m	建筑物 吸引力	袭击者 制造伤亡
参考算例	9	10	60	20	10	60	20	0	110
A1	9	10	60	20	10	60	20	0	80
A2	9	10	60	20	10	60	20	0	95
A3	9	10	60	20	10	60	20	0	110
A4	9	10	60	20	10	60	20	0	125
A5	9	10	60	20	10	60	20	0	140
A6	9	10	60	20	10	60	20	0	155
B1,B2,B3	9	10	60	20	10	60	20	25%~100%	0
C1	9	10	60	20	10	60	20	0	110
C2	9	10	60	20	20	60	20	0	110
C3	9	10	60	20	30	60	20	0	110
C4	9	20	60	20	10	60	20	0	110
C5	9	20	60	20	20	60	20	0	110
C6	9	20	60	20	30	60	20	0	110
C7	9	30	60	20	10	60	20	0	110
C8	9	30	60	20	20	60	20	0	110
C9	9	30	60	20	30	60	20	0	110
C10	12	10	60	20	10	60	20	0	110
C11	12	10	60	20	20	60	20	0	110
C12	12	10	60	20	30	60	20	0	110
C13	12	20	60	20	10	60	20	0	110
C14	12	20	60	20	20	60	20	0	110
C15	12	20	60	20	30	60	20	0	110
C16	12	30	60	20	10	60	20	0	110
C17	12	30	60	20	20	60	20	0	110
C18	12	30	60	20	30	60	20	0	110
D1	9	10	45	15	10	45	15	0	110
D2	9	10	45	20	10	45	20	0	110
D3	9	10	45	25	10	45	25	0	110
D4	9	10	60	15	10	60	15	0	110
D5	9	10	60	20	10	60	20	0	110

续表

| 编号 | 盘查卡口 | 巡逻警察 | | | 便衣警察 | | | 建筑物 | 袭击者 |
	数量	数量	识别成功率/%	识别距离/m	数量	识别成功率/%	识别距离/m	吸引力	制造伤亡
D6	9	10	60	25	10	60	25	0	110
D7	9	10	75	15	10	75	15	0	110
D8	9	10	75	20	10	75	20	0	110
D9	9	10	75	25	10	75	25	0	110

（3）针对行人的"脏弹"恐怖袭击仿真结果分析

算例 A1～A6 分析了恐怖袭击者对城市重点区域的行人进行袭击的风险,恐怖袭击者在不同的伤亡人数预期下,袭击成功率、袭击时间成本(恐怖袭击者为发动一次"脏弹"恐怖袭击所花费的时间)以及袭击空间成本(恐怖袭击者为发动一次"脏弹"恐怖袭击所行进的路程)等指标的变化情况如图 4-3 所示。

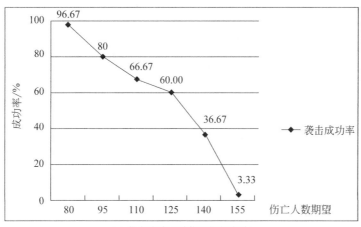

(a) 袭击成功率随伤亡期望变化

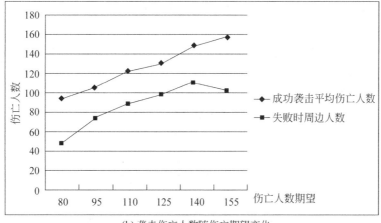

(b) 袭击伤亡人数随伤亡期望变化

图 4-3　各项袭击指标随伤亡期望变化情况

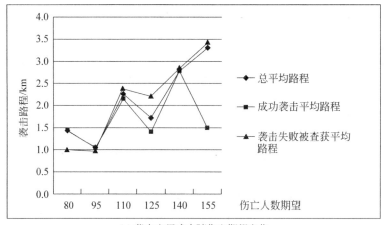

(c) 袭击空间成本随伤亡期望变化

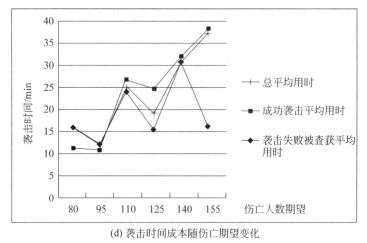

(d) 袭击时间成本随伤亡期望变化

图 4-3 (续)

由图 4-3 可知,随着袭击伤亡期望值的逐步增加,袭击成功率随之降低,二者呈现明显负相关关系;同时,恐怖袭击者成功发动袭击的时间成本以及空间成本整体上也呈现增长的趋势。

从图 4-3(a)中可以看出,恐怖袭击者在造成 80 人的伤亡预期前提下,达到了 96.67% 的袭击成功率,意味着此时的恐怖分子平均发动 30 次"脏弹"恐怖袭击而仅失败一次,所需要花费的时空成本是 6 个算例中最低的。当预期伤亡达到 110 和 125 人时,对应的袭击成功率分别为 66.67% 与 60.00%,当伤亡期望值在 110~125 这个范围内,袭击成功率未出现明显下降。当伤亡期望值继续升高至 140 时,成功率仅为 36.67%。而当伤亡期望值达到 155 时,袭击者的成功率进一步下降到了 3.33%。对于该重点区域内 1000 人的行人人数设定下,恐怖袭击者几乎无法在半径为 10 米的范围内造成更高的行人伤亡,即达到了袭击伤亡期望的最大值。

通过进一步的观察可以发现,在伤亡期望值由 95 升高到 110 以及由 125 升高到 140 的过程中,袭击成功率呈现陡降趋势,发动袭击的时空成本也随之大幅提高。伤亡期望由 110 升高到 125 的变化中,袭击成功率略下降,但袭击时间和空间成本也随之降低,说明袭击者对于 110～125 的伤亡期望变化不敏感。由图 4-3（b）可知，恐怖袭击者成功发动袭击造成的伤亡人数以及被城市防御力量查获时周边行人数量，随着袭击者的伤亡期望值的增加而升高，二者呈现正相关关系。袭击失败时恐怖袭击者周边的平均人数变化曲线在伤亡期望值由 140 向 155 变化时略降低，反应出当前伤亡期望区间已经达到了恐怖袭击者的伤亡期望极限。

当恐怖袭击者未能成功发动袭击时，恐怖袭击者存在明显躲避巡逻警察以及盘查卡口的倾向。在被查获的情况下，便衣警察的盘查行为导致了恐怖袭击者绝大部分的袭击失败结果，因为恐怖袭击者通常只在无法躲避巡逻警察时才会进入巡逻警察的盘查范围，并承受被识别查获的风险。由此可见，恐怖袭击行为有更大的可能被恐怖袭击者未能识别的防御力量所阻止。

（4）针对建筑物的"脏弹"恐怖袭击仿真结果分析

算例 B1-B3 分析恐怖袭击者对城市重点区域内的建筑物进行袭击的风险，对每个算例进行 50 次仿真实验，研究袭击者成功袭击时，不同袭击吸引力的建筑物位于袭击者出场位置的不同距离处所遭受袭击的概率。通过统计各算例对应的袭击时间成本与袭击空间成本，分析恐怖袭击者的袭击时空成本随建筑物吸引力的变化趋势。对该重点区域内的 16 所建筑进行 4 级袭击吸引力划分（25％，50％，75％，100％），每级对应 4 所建筑物。算例 B1～B3 结果如表 4-3 所示。

表 4-3 针对建筑物的袭击仿真结果

编号	袭击成功				袭击失败	
	成功率/％	时间成本/min	空间成本/km	受袭击建筑物平均吸引力	时间成本/min	空间成本/km
B1	84	13.93	1.06	66.10％	11.5	0.93
B2	72	14.44	1.09	61.10％	13.79	1.11
B3	60	34.9	2.7	57.50％	22.45	1.74

恐怖袭击者对袭击吸引力较高的建筑物的袭击成功率随着空间距离的增加而明显降低，同时需要花费更多的时间与空间成本（包括成功发动"脏弹"恐怖袭击与被城市防御力量查获两种情况）。由于该重点区域中存在的城市防御力量相对薄弱（10 名便衣警察与 10 名巡逻警察，此参数与参考算例的设置相同），故而城市防御力量很难在袭击者进入区域后至选定袭击目标前的阶段将其查获。在袭击失败的情况中，恐怖袭击者在选定袭击目标建筑后的准备阶段被城市防御力量所查获的情况占据了很高的比例，因为此时袭击者将停止移动，并暂时停止执行躲避城市防御力量的行为规则；此外，虽然通过增加恐怖袭击者与高袭击吸引力建筑物的空间距离能够明显降低袭击成功率，但是算例 B3 中，恐怖袭击者能够达到 60％的袭击成功率，仍然是一个较高的水平，进一步证明当前的城市防御力量处于相对薄弱的水平。

在算例 B1～B3 仿真结果中，对恐怖袭击者袭击失败的情况进行分析发现，其躲避巡逻警察与盘查卡口的行为逻辑仍然十分明显，便衣警察拥有更高的概率将其查获，表明恐怖袭击行为拥有更高的可能性被其未知的城市防御力量所阻止。

在袭击吸引力分布情况方面,算例 B1 和算例 B2 可以分别与算例 B3 形成对照,B1 与 B2 的不同区域可以形成内部对照,算例 B1 与 B2 左半部分靠近袭击者入场位置建筑物的袭击吸引力明显高于右半部分。表 4-3 结果显示,算例 B1 的袭击成功率最高,达到了84％,遭受袭击的建筑物平均袭击吸引力为 66.1％,属于 3 组算例中的最高水平;算例 B2 的袭击成功率为 72％,遭受袭击的建筑物平均袭击吸引力为 61.1％,属于中等水平;算例 B3 的袭击成功率最低,为 60％,同时此算例中遭受袭击的建筑物平均袭击吸引力也最低,为 57.5％。3 组算例中,距离恐怖袭击者进入区域位置最近的高吸引力建筑集中区域在各算例中遭受的袭击次数最多,这表明恐怖袭击者拥有更高的概率选择向高袭击吸引力建筑集中区域发动袭击。

（5）城市防御力量预防策略仿真结果分析

算例 C1～C18 旨在研究城市防御力量的有效预防策略,此处通过统计算例中不同的城市防范力量数量配置（盘查卡口数量与警力人数）对应恐怖袭击者的袭击成功率以及袭击时间成本,得出防御力量最有效的防范策略。算例 C1～C18 的结果如图 4-4 所示。

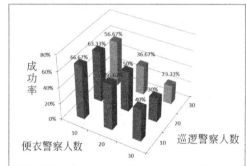

(a) 袭击成功率（盘查卡口数量为9个）　　　(b) 袭击时间成本（盘查卡口数量为9个）

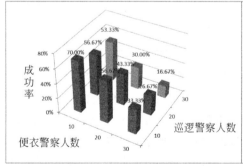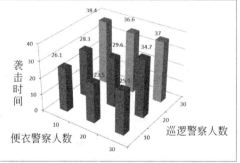

(c) 袭击成功率（盘查卡口数量为12个）　　(d) 袭击时间成本（盘查卡口数量为12个）

图 4-4　两种情况下袭击成功率与袭击时间成本对比

如图 4-4 所示,将算例 C1～C18 分为盘查卡口数量为 9 和 12 两种情况进行分析,每种情况对应 9 个算例。进而研究袭击成功率和袭击时间成本随着巡逻警察数量以及便衣警察数量的增加而变化的情况。由图 4-4(a)与(c)可知,随着重点区域内巡逻警察与便衣警察人数的增加,袭击成功率呈现明显下降趋势,成功袭击时所花费的时间成本呈现整体上升趋势。进一步分析得知,区域内巡逻警察与便衣警察数量在由 20 人提升至 30 人的过程中,对恐怖袭击者袭击成功率的影响明显高于由 10 人提升至 20 人的过程。由此可见,10～20 的人数范围属于城市防御力量相对薄弱的区间,袭击者能够相对容易地克服袭击阻力发动袭击;20～30 的人数范围对袭击者发动袭击所产生的阻力明显增大,恐怖袭击者的袭击成功率明显下降,并且城市防御力量的人数也逐渐接近当前场景内的最优人数配置。由图 4-4(b)与(d)分析可知,巡逻警察数量的增加会导致袭击者躲避难度的增加,进而造成袭击阻力的增加;便衣警察数量的增加会导致查获袭击者的概率增加,进而造成袭击阻力的增加。当巡逻警察与便衣警察数量均达到 30 人时,袭击成功率仅为 16.67%,表明此时的恐怖袭击者已经很难成功发动袭击。

对比图 4-4(a)与(c)以及(b)与(d)可知,盘查卡口数量的变化未对袭击成功率造成明显影响。通过盘查卡口能够增加恐怖袭击者的躲避行为,进而增加袭击时间成本,从而产生袭击阻力。在 C1～C18 全部的仿真算例中,袭击者仅被盘查卡口查获一次,这表明恐怖袭击者会对盘查卡口的防御采取了躲避措施。

便衣警察数量对袭击成功率造成的影响高于巡逻警察数量的影响。当巡逻警察数量增加时,会导致恐怖袭击者躲避行为增加,进而增加其袭击时间成本,间接增加袭击者被便衣警察查获的概率;而便衣警察数量的增加,则会直接导致袭击者被查获的概率增加。由算例 C1～C18 的结果可知,便衣警察拥有更高的概率将恐怖袭击者查获,其造成恐怖袭击行动失败的次数明显高于巡逻警察。

在明确城市动态防御力量对恐怖袭击行动会造成明显的阻力之后,通过算例 D1～D9 进一步研究城市动态防御力量参数(识别距离与识别成功率)对当前预防策略有效性的影响,以及对袭击成功率的影响。算例 D1～D9 的结果如图 4-5 所示。

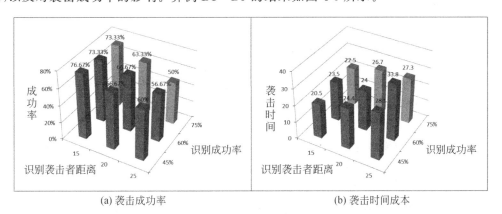

(a) 袭击成功率　　　　　　　　　　(b) 袭击时间成本

图 4-5　袭击成功率与时间成本随识别距离与识别成功率的变化关系

由图 4-5(a)与(b)可知,袭击成功率随着城市动态防御力量的识别距离与识别成功率的提高而明显下降,袭击时间成本随着识别距离与识别率的提高明显增加。当识别成功率为 45%、识别距离为 15 米时,恐怖袭击者的袭击成功率最高,为 76.67%,袭击时间成本为 20.5 分钟,属于最低水平;当识别成功率为 75%、识别距离为 25 米时,袭击成功率最低,为 50%,袭击时间成本为 27.3 分钟,属于较高水平。此外,算例结果显示,便衣警察拥有更高的概率将袭击者查获,查获袭击者次数明显高于巡逻警察。

在算例 D1～D9 中通过差值比较,发现识别成功率与识别距离对于袭击成功率的影响无明显差异,但城市动态防御力量对于识别成功率与识别距离的不同参数组合会对袭击成功率结果造成明显影响。

4.2 数值模拟法

数值模拟也称为计算机模拟,指的是以描述运动的微分方程、边界条件和初始条件为基础,建立相应的数学模型,并通过计算机采用离散化方法对建立的数学模型求近似解的方法[42]。数值模拟技术是现代工程学形成和发展的重要动力之一。

4.2.1 数值模拟法的适用范围

在社会安全风险分析中,数值模拟法主要应用于核、生、化恐怖袭击等涉及到有害物质扩散的后果分析。例如,Jeong 等的文献[43,44]使用 CFD 模型和高斯烟羽模型对韩国首尔城区某位置发生"脏弹"恐怖袭击的假想情况下的核物质[137]Cs 扩散进行了模拟,利用高斯扩散模型模拟得出了各种"脏弹"场景下的辐射剂量,并计算得到了核物质扩散环境下的人体致癌率和死亡率,从而为具体的应急决策提供依据。胡啸峰等[30]提出了一种基于天气预报模式(weather research and forecasting,WRF)的"脏弹"恐怖袭击辐射剂量计算方法,提出了对源项、地表干沉降、湿沉降量的放射性衰变修正方案,并进行了实例研究,得到了比高斯模型[41]分辨率更高的模拟结果。王海洋等[45]为预测"脏弹"恐怖袭击的风险后果,建立了"脏弹"恐怖袭击剂量评价模式,并采用常见的放射源种类、放射源活度、风速以及大气稳定度等参数值,用高斯烟团模型 3 种典型核物质在大气中的扩散过程进行计算,给出了有效剂量随时间变化的分布。

4.2.2 数值模拟法常用的扩散模型

按照描述方式的不同,分别介绍目前国内外比较常用的扩散模型,包括高斯模型、拉格朗日模型、欧拉模型以及拉格朗日/欧拉耦合模型。

(1)高斯模型

高斯模型为欧拉模型的特殊形式,一般用于下垫面平坦、流场稳定的情况,其适用范围一般为几十公里。高斯模型分为烟羽模型和烟团模型,烟羽模型假定污染物在大气中连续排放,其浓度分布符合正态分布,而烟团模型则假定污染物在大气中以离散的烟团形式瞬时排放,烟团的浓度分布符合正态分布,空间上某点的瞬时浓度为各烟团在此处浓度的线性叠加[46]。高斯烟羽模型与烟团模型的表达式如式(4-1)与式(4-2)所示。

$$C(x,y,0) = \frac{Q_0}{\pi \sigma_y \sigma_z u} e^{-\frac{(y-y_0)^2}{2\sigma_y^2}} e^{-\frac{z_0^2}{2\sigma_z^2}} \tag{4-1}$$

$$C(x,y,0) = \frac{2Q_0}{(2\pi)^{1.5} \sigma_x \sigma_y \sigma_z} e^{-\frac{(x-x_0)^2}{2\sigma_x^2}} e^{-\frac{(y-y_0)^2}{2\sigma_y^2}} e^{-\frac{z_0^2}{2\sigma_z^2}} \tag{4-2}$$

其中,$C(x,y,0)$是在顺风向某点的污染物气体浓度;Q_0 为排放率;σ_x,σ_y,σ_z 分别表示 x,y,z 方向上的扩散系数。

AEROPOL 是一个稳态的高斯模型[47],可以用于气体和粒子的 100km 内的扩散计算,也可以应用于局地尺度(10km 量级)。该模型包含了 Briggs(1975)文献[48]烟羽抬升算法。模型中也包含了基于降水的湿沉降计算以及基于沉降速度方法的干沉降计算,大气稳定度的计算则是依赖于帕斯奎尔(Pasquill)稳定性函数。AEROPOL 只适用于平坦区域,并且对于粒子的扩散则只适用于面源。

CALPUFF 是一种非稳态的高斯烟团模型,应用非常广泛[49,50]。该模型可以处理 4 种不同类型的源项,即点源、线源、面积源、体积源,并基于相似方程得到随时空变化的气象场。此外,该模型也可以处理湍流、烟气抬升以及沉降等物理过程。其中,干沉降过程通过阻力模型计算,湿沉降模型则基于降水,通过湿沉降系数来计算。CALPUFF 对于污染物浓度的计算得到了相关研究的验证。然而,CALPUFF 不适用于时间尺度小于 1 小时的计算,也不适用于受湍流影响较强烈的流场的计算,比如城市区域。

AERMOD 是一种近场的稳态的高斯烟羽模型[51],其特点是既可以处理表面源,也可以处理高架源,并且源的类型也可分为点源、面积源、体积源等。在稳定边界层,水平方向与垂直方向均按照高斯分布进行处理;在对流边界层,水平向仍服从高斯分布,但垂直向的分布则由双高斯概率密度函数[52]来进行计算。通常高斯模型只适用于平坦区域的计算模拟,而 AERMOD 则使用了一种简单算法[53]来近似处理较为复杂的下垫面。AERMOD 不包含气体的干沉降、湿沉降计算,对于干沉降只是使用了非常简单的反射算法。

UK-ADMS 是一种既可以计算气体扩散也可以计算粒子扩散的高斯模型[54-55]。该模型使用相似性方法[56]来处理边界层,在稳定、中性条件下,使用正态分布描述扩散行为。ADMS 基于烟羽和环境大气的温度差来计算烟气抬升过程。ADMS 对于干沉降使用重力沉降速度与干沉降速度来表征,而湿沉降则使用基于降水率的清除系数来进行计算。

SCREEN3[57]是一个单源的高斯烟羽模型,用来计算 50km 内的工业气体排放,源的类型也可分为点源、面积源、体积源等。SCREEN3 可以计算简单的高地,也可以通过 VALLEY 模块来计算稳定大气、固定风速、复杂地形下的气体扩散。

高斯模型是最为经典的计算核素扩散的方法,但也存在较大的局限性[58]:下垫面要求平坦开阔并且性质均匀,风场稳定,湍流运动少;扩散空间要处于同一温度层结;对于一些重要物理过程,如干、湿沉降,只能进行相对简单的处理。

(2) 拉格朗日模型

拉格朗日模型用大量粒子的释放来表征污染物的连续排放,用一系列的随机位移来模拟湍流扩散,统计粒子在时间和空间上的总体分布,不存在闭合问题,并且可以更为详细地模拟湍流扩散。在每一个时间步,每一个拉格朗日粒子的位置会根据下式发生变化[59]:

$$x_i(t + \Delta t) = x_i(t) + u_i(x_i, t)\Delta t \tag{4-3}$$

其中,x_i 为粒子的位置;u_i 表示风场,该项既包括平均风矢量,也包括由湍流造成的随机项。

拉格朗日方法可以连续地追踪扩散物质的运动,在复杂的地形条件下可以较为真实地模拟污染物质在大气扩散中的时空分布。拉格朗日模式是一种较为高级的扩散模式,适合模拟几十公里到几百公里区域的污染物大气扩散。然而拉格朗日函数方程比较复杂,使得拉格朗日模式大多仅限于描述均匀湍流条件下的扩散问题。另外,拉格朗日方法的计算成本比较高,尤其是在远离源的区域,当粒子数不够时,将导致降低预测的准确度,而使用大量的粒子则需要很高的计算能力和计算成本。

NAME(numerical atmospheric dispersion modelling environment)是一个由英国开发的使用气象模型驱动的拉格朗日扩散模型[60]。NAME 提供了较为灵活的模型环境,预测范围可以从几公里拓展到全球尺度,而时间尺度则是大于分钟量级。这样的灵活性使得该模型的应用范围极为广泛,例如,可以用于突发事件的应急响应[61]。NAME 使用了随机游走模型,一些重要的湍流参数如速度脉动,拉格朗日时间尺度等得到了应用。NAME 的干沉降使用了阻力模型,而湿沉降则采用了基于降水的清除系数方法。此外,NAME 还具有基于 STOCHEM 模型的化学方案以及一些气溶胶参数化方案。

HYPACT(hybrid particle and concentration transport)[62]是一个非常适合近源区域扩散模拟的拉格朗日模型。该模型通常使用气象模型 RAMS 驱动,可以通过 RAMS 获取气象数据,也可以处理各种类型的源项数据,包括观测数据和假设源项数据。HYPACT 的湍流计算基于比较简单的二阶闭合方法[63,64]。除此之外,HYPACT 还可以计算化学反应、放射性衰变以及干沉降等,因此适用于放射性污染物的扩散模拟。

SILAM[65]既包含拉格朗日方法也包含欧拉方法,是一个综合模型。该模型适用于大、中尺度的扩散模拟,其水平分辨率最高可以达到 1km。该模型为开源模型,同时也是芬兰和立陶宛的官方天气预报模型。SILAM 使用充分混合的行星边界层,在对流层使用确定的随机游走参数。SILAM 的干沉降使用了阻力模型,而湿沉降则采用了基于降水的清除系数方法。此外,SILAM 同样具有化学方案以及气溶胶参数化方案。

THOR 是一种综合的大气污染预测及情景管理系统[66],使用气象模型驱动 ETA,以及若干大气污染扩散模块,其中,UPM 为拉格朗日模型。

(3)欧拉模型

除了拉格朗日模型外,基于欧拉方法的扩散模型也较多地应用于大气扩散模拟研究中。欧拉模型基于梯度输送理论,使用固定坐标系来刻画污染物扩散,在计算过程中首先构建欧拉网格,将气象、地形等初始条件插入网格,在每一个时间步计算求解每个网格的浓度变化。欧拉方法的优点是较容易处理气象场的时空变化,使用参数化方法更为方便地处理物理及化学过程,计算成本低。但是在距离扩散源比较近的区域内,以及尺寸小于欧拉网格的放射源,其具体的扩散现象不能被模拟出来。欧拉扩散方程为[59]

$$\frac{\partial C}{\partial t} = \boldsymbol{u} \cdot \boldsymbol{\nabla} C + \boldsymbol{\nabla} \cdot (K_C \boldsymbol{\nabla} C) + S_C \tag{4-4}$$

其中,$\boldsymbol{u}$ 为风速矢量;K_C 为湍流扩散系数;S_C 为源汇项。展开后可以得到如下的表达式。

$$\frac{\partial C}{\partial t} = -u\frac{\partial C}{\partial x} - v\frac{\partial C}{\partial y} - w\frac{\partial C}{\partial z} - \frac{\partial}{\partial x}(\overline{u'C'}) - \frac{\partial}{\partial y}(\overline{v'C'}) - \frac{\partial}{\partial z}(\overline{w'C'}) + S_o - S_i \tag{4-5}$$

其中 $-u\frac{\partial C}{\partial x} - v\frac{\partial C}{\partial y} - w\frac{\partial C}{\partial z}$ 为平均风的平流输运项,该项表示当风从一个浓度较高的区域吹向下风向的某特定点时,该点浓度的增长。特别指出的是,在中纬度的天气系统中,水平风速分量的尺度为 10m/s 的量级,而垂直风速分量的尺度则仅为 0.01m/s 的量级,因此,水平风速分量的平流输运作用要远远大于垂直风速分量。当然,对于雷暴天气下的大气系统,则是一个例外。

$-\frac{\partial}{\partial x}(\overline{u'C'}) - \frac{\partial}{\partial y}(\overline{v'C'}) - \frac{\partial}{\partial z}(\overline{w'C'})$ 为湍流扩散项,该项表示湍流运动对污染物的扩散和混合作用。通常情况下,该项不能被直接解析,而是通过参数化的方式得到表征,因为,在中尺度的网格内,无法对次网格尺度内的湍流运动进行解析。类比于分子粘性扩散,湍流运动也可以与浓度梯度的关联,这种关联关系可以由一阶闭合或二阶闭合等方式描

述。在一阶闭合中,湍流扩散与浓度梯度呈线性关系,系数为湍流扩散常数 K ,因此,方程(4-5)可以改写为

$$\frac{\partial C}{\partial t} = -u\frac{\partial C}{\partial x} - v\frac{\partial C}{\partial y} - w\frac{\partial C}{\partial z} - \frac{\partial}{\partial x}\left(K_x\frac{\partial C}{\partial x}\right) - \frac{\partial}{\partial y}\left(K_y\frac{\partial C}{\partial y}\right) - \frac{\partial}{\partial z}\left(K_y\frac{\partial C}{\partial y}\right) + S_o - S_i$$

$$(4-6)$$

S_o 为源项,主要刻画大气污染物的释放。例如,污染物的类型,包括化学污染物、放射性同位素、火山灰等,污染物的排放量、排放范围、持续时间等。由于不确定性因素较多,源项的刻画通常比较困难,然而,源项对于整个扩散方程的影响却是至关重要的。例如,需要考虑污染物在垂直方向上是如何释放的,因为垂直方向的风速和方向是关于高度的函数,尤其是在边界层,往往在排放高度上的微小差异会导致模拟结果的较大差别。此外,污染物的排放随时间的变化也是一个重要的影响因素。排放的开始时间、持续时间也会很大程度上影响模拟的结果。例如,污染物在风突变线到来之前和到来之后排放,其结果差别很大,因为,风向的不同会明显导致污染物分布趋势的不同。

S_i 为汇项,表示污染物在大气中的清除过程。该项包含了干沉降、湿沉降以及化学反应、衰变等过程。

ALADIN-CAMx 是一种欧拉大气扩散模型[67]。该模型由气象模型 ALADIN-Austria 和扩散模型(comprehensive air-quality model,CAMx)组成,使用气象模型驱动。该模型水平方向的扩散使用 Smagorinsky 方法,干沉降采用阻力模型,干沉降速度被作为垂直方向扩散的边界条件,湿沉降采用基于降水的清除系数进行参数化,且气体和粒子形态分别采用不同的参数化方案。ALADIN-CAMx 包含 114 种化学物质,可以处理 217 种化学反应。

LOTOS-EUROS 为一种三维欧拉大气扩散模型,由 LOTOS 和 EUROS 组合而成[68-69]。该模型用来预测欧洲和荷兰地区的空气污染情况。该模型由 ECMWF IFS 获得气象场,可以对欧洲区域进行 72 小时的预报,欧洲地区的水平网格间距为 30km、15km,而嵌套至荷兰地区的水平网格间距为 15km,并且包括了基于臭氧测量的数据同化[70]。干沉降采用阻力模型,湿沉降采用基于降水的清除系数的参数化方法。

MATCH(multi-scale atmospheric transport and chemistry)是一种三维欧拉模型,常用于从城市尺度(约 km 量级,或更小)到区域尺度的大气扩散模拟[71,72]。MATCH 用于瑞典及波罗的海区域的空气质量评估,尤其可用于核应急事件的放射性污染物扩散评估[73]。MATCH 包含了放射源、平流输运、湍流混合、干湿沉降等模块,根据应用需求,化学反应和气溶胶动力学过程也可加入基本的计算模块。

CMAQ(community multiscale air quality)[74]为美国 EPA 开发的用于空气质量评估的综合欧拉网格模型,通常与 MM5、WRF 或 ETA 结合,以获得气象场的模拟结果。CMAQ 可以用于多尺度的大气污染物扩散模拟,包含了动力学和化学反应等多个模块。CMAQ 的干沉降采用阻力模型,干沉降速度被作为垂直方向扩散的边界条件,湿沉降采用基于降水的清除系数进行参数化,且气体和粒子形态分别采用不同的参数化方案。CMAQ 常使用 SMOKE 作为其源项的处理模块。

SKIRON/Dust 是一种欧拉大气扩散模型,与气象模型 ETA 耦合,但不需要使用 ETA 驱动扩散模型,其气象模块的水平网格精度为 5km,垂直方向采用非静力学假设。该模型

的一个特点是具有 DUST 模块[75,76]，专门处理粉尘的大气扩散，此外，其湿沉降模型包含云中(in cloud)和云下(below cloud)两个参数化部分。

WRF/Chem[77]是在气象模式 WRF 的基础上，加入了化学模块 Chem，从而形成的一种三维的欧拉大气扩散模型，WRF/Chem 的气象场与扩散过程同步计算，不需要气象模型的驱动。WRF/Chem 代码开源，编译方便，十分便于二次开发。WRF/Chem 可以利用 WRF 提供的多元化物理及化学参数化方案，便于展开大气扩散规律方面的研究，其干沉降采用阻力模型，干沉降速度被作为垂直方向扩散的边界条件，湿沉降采用基于降水的清除系数进行参数化。WRF/Chem 为本文使用的放射性物质大气扩散模型 WRF/Chem/RN_Trans 的基础模型，其基本架构和模拟方法将在 4.2.3 节中介绍。

除了以上几种常用的模型外，基于欧拉方法的模型还包括 Enviro-HIRLAM，EURAD-RIU[78]，FARM[79]，MOCAGE[80]，RCG[81]等。

(4) 拉格朗日/欧拉耦合模型

在靠近扩散源的较小区域内，拉格朗日模型是一种描述污染物大气扩散的有效方法，而在远离源的区域，如使用拉格朗日方法则需要大量的拉格朗日粒子来得到平滑的分布曲线，否则预测的准确度将降低，考虑运算成本，则欧拉模型更为适用。为了兼有拉格朗日法和欧拉法的优点，拉格朗日/欧拉耦合模型成为一种尝试，并取得的很好的结果。例如，黄弘等文献[82]建立的拉格朗日/欧拉耦合模型，是一种可以计算小尺度建筑物周边污染物质大气扩散的模型。该模型在接近扩散源的位置使用拉格朗日方法进行计算，而在远离扩散源的位置，则根据一定的标准将拉格朗日粒子转化为欧拉浓度进行计算。

4.2.3 方法应用

1. 基于 WRF 的"脏弹"恐怖袭击风险分析[30,83]

目前国内外对于放射性"脏弹"辐射剂量的评估研究主要利用较为简单的高斯烟羽、烟团模型或小范围内的计算流体力学模型(通常只适合 20km 内的计算评估)计算放射性扩散造成的放射性剂量后果，而对于城市范围内的复杂的天气条件、下垫面特征等影响条件的考虑不足，普遍缺乏多种物理过程耦合的放射性物质大气扩散模型，往往对放射性衰变、干沉降和湿沉降等物理过程的耦合作用考虑不足，可用的参数化方法十分有限，缺乏集成平台，不利于开展研究，绝大部分模型的气象参数的计算与扩散过程分离，不利于预测。此外，模型的精度和计算范围均有待提高。

随着核事故中放射性物质大气扩散模拟技术的逐渐成熟，高精度、高效率的数值模拟技术被广泛应用于核事故发生后的辐射剂量评估。"脏弹"恐怖袭击与核事故在辐射剂量分布上，具有一定的时空相似性，这就为使用高精度放射性物质大气扩散模型进行"脏弹"恐怖袭击下的辐射剂量时空分布计算提供了可能。本节将基于 WRF/Chem 的放射性物质大气扩散模型应用于"脏弹"恐怖袭击的辐射剂量分布计算中，为核与辐射恐怖袭击的风险评估和应急管理提供工具上的支持。

(1) 研究方案与算例设置

基于 WRF/Chem 的放射性物质大气扩散模型在 WRF/Chem 的基础上，建立并集成了放射源排放模型、干沉降模型、湿沉降模型，形成了可以用于放射性物质大气扩散的中尺度数值模型。扩散方程(包含对流项)为

$$\frac{\partial A}{\partial t} + \mathrm{div}(A\boldsymbol{u}) = \mathrm{div}\left(\rho K \ \nabla\left(\frac{A}{\rho}\right)\right) - \Lambda^s A - \lambda A + E_{\mathrm{emis}} \tag{4-7}$$

其中,空气浓度使用放射性活度 $A(\mathrm{Bq} \cdot \mathrm{m}^{-3})$ 进行表征,表示单位体积单位时间内放射性物质衰变的个数。对流项中,u 表示流速。扩散项中,K 为湍流扩散系数,其中垂直方向的湍流扩散系数包含了对干沉降速度的计算,干沉降过程由干沉降模型实现。源项部分,由湿沉降通量和排放量共同构成,其中,Λ^s 为湿沉降清除系数 (s^{-1}),λ 表示衰变率 (s^{-1});E_{emis} 为放射性物质排放项 $(\mathrm{Bq} \cdot \mathrm{m}^{-3} \cdot \mathrm{s}^{-1})$。

放射性物质的放射性衰变不受化学反应及环境条件(温度、压强等)的影响,放射性衰变通量在扩散方程中的表达也较为简单。然而,放射性物质的衰变过程是放射性物质大气扩散中重要的、不可忽略的过程,不仅影响了放射性物质的时空分布,也直接影响辐射剂量的分布。在基于 WRF/Chem 的放射性物质大气扩散模型中,放射性衰变过程仅体现于扩散过程,但是在湿沉降过程中被忽略不计,该简化将对模拟结果造成误差。

因此,对使用的放射源排放模型、干沉降模型和湿沉降模型,均进行了放射性衰变的参数化修正,这是由于放射性衰变不仅存在于大气扩散过程,在放射性物质沉降到地面后,仍然伴随着该过程,可通过地表沉积外照射的途径对人体造成危害。因此,在每一个时间步都需要对各个模型中计算的空气浓度和沉降浓度进行放射性衰变的修正。

① 放射源排放模型中,空气浓度的放射性衰变修正为

$$A(x,y,z,rn) = A(x,y,z,rn) \cdot [1 - \lambda(rn) \cdot \Delta t] + E_{\mathrm{emis}}(rn) \cdot \mathrm{conv}(rn) \tag{4-8}$$

其中,A 表示放射性物质的空气浓度 $(\mathrm{Bq} \cdot \mathrm{m}^{-3})$;$x,y,z$ 表示空间位置坐标;rn 表示放射性物质的种类,不同种类的放射性物质,衰变率及排放源项均不同。这里的 Δt 为计算步长,在模型的初始化设置时确定,不同的嵌套网格,Δt 的大小不同。在放射源排放模型中,由于核事故下的放射源为点源,与 PM 2.5 等类型的面源不同,因此,x,y,z 的值在同一个算例中是确定的,是由放射源排放模型中的程序直接生成的。conv 为转换因子,为

$$\mathrm{conv} = \Delta t / (\Delta x \cdot \Delta y \cdot \Delta z) \tag{4-9}$$

其中,$\Delta x, \Delta y, \Delta z$ 为空间步长,由水平和垂直方向的分辨率决定。

② 干沉降模型中,不需要对空气浓度重复修正,但需要对已经沉降到地面的放射性物质的累积量进行放射性衰变修正。方法如下:

$$DP_{\mathrm{dry}}(x,y,rn) = DP_{\mathrm{dry}}(x,y,rn) \cdot [1 - \lambda(rn) \cdot \Delta t] + F_{\mathrm{dry}}(x,y,rn) \cdot \Delta t \tag{4-10}$$

其中,DP_{dry} 表示累积干沉降量 $(\mathrm{Bq} \cdot \mathrm{m}^{-2})$;$F_{\mathrm{dry}}$ 表示干沉降通量 $(\mathrm{Bq} \cdot \mathrm{m}^{-2} \cdot \mathrm{s}^{-1})$,通常正比于当地最底层的放射性物质的空气浓度,其计算方法如下:

$$F_{\mathrm{dry}}(x,y,rn) = v_{\mathrm{dep}}(rn) \cdot A(x,y,1,rn) \tag{4-11}$$

其中,v_{dep} 为干沉降速度 $(\mathrm{m} \cdot \mathrm{s}^{-1})$。

③ 湿沉降模型中,不需要对空气浓度重复修正,但需要对已经沉降到地面的放射性物质的累积量进行放射性衰变修正。方法如下:

$$DP_{\mathrm{wet}}(x,y,rn) = DP_{\mathrm{wet}}(x,y,rn) \cdot [1 - \lambda(rn) \cdot \Delta t] + F_{\mathrm{wet}}(x,y,rn) \cdot \Delta t \tag{4-12}$$

其中,DP_{wet} 表示累积湿沉降量 $(\mathrm{Bq} \cdot \mathrm{m}^{-2})$;$F_{\mathrm{wet}}$ 表示湿沉降通量 $(\mathrm{Bq} \cdot \mathrm{m}^{-2} \cdot \mathrm{s}^{-1})$,其计算方法如下:

$$F_{\mathrm{wet}}(x,y,rn) = \int_0^h \Lambda^s(z,rn) \cdot A(x,y,z,rn) \mathrm{d}z \tag{4-13}$$

其中,h 为区域高度,单位为米。

选择某城市的某公园作为"脏弹"释放地点,如图4-6所示,该公园人员密度较小,属于城市开敞空间。"脏弹"中的放射性物质假设为^{131}I,其气体/气溶胶比例设置为80/20,半衰期为8.02天,释放总量为2.3×10^{13}Bq。

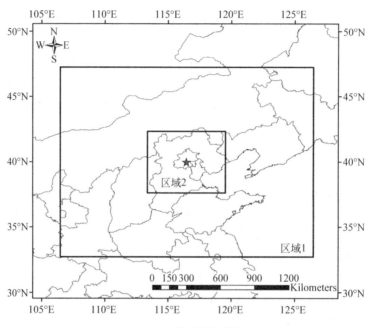

图 4-6　计算区域示意图

计算方案采取双层嵌套网格,中心点位于39.99N,116.46E(五角星所示位置),两层网格的网格数均为160×160。区域1的水平范围为1440km×1440km,水平分辨率为9km,区域2的水平范围为480km×480km,水平分辨率为3km。所有区域的垂直方向均分为27层,最高层位置为10000Pa等压线(WRF的垂直方向采用σ坐标系)。"脏弹"的释放点均位于垂直方向的最底层。气象模拟的初始条件和边界条件使用了全球预测系统(global forecasting system,GFS)水平分辨率为0.5°×0.5°的再分析数据进行了初始化。

物理参数的设置:辐射方案分为长波辐射和短波辐射,分别采用RRTM(rapid radiative transfer model)方案和Dudhia方案,微物理过程的参数化则使用WSM6(WRF Single-Moment 6-class)方案,积云对流参数化在区域1中使用New Grell方案,在区域2中不使用积云对流参数化方案,边界层方案使用YSU(yonsei university)方案,陆面方案使用Noah Land Surface方案,城市边界层方案使用单层城市冠层模型,气溶胶方案则选择简单方案,即不考虑气溶胶的直接或间接效应,湍流扩散方案选择Smagorinsky方案。放射性物质的干沉降方案选择阻力模型,湿沉降方案选择基于降水率的参数化方法。

由于"脏弹"通常通过爆炸的方式将放射性物质排放至大气中,因此,排放时间较短,设置为1h。研究表明,同等排放量的前提下,短时间排放导致的污染面积远大于连续排放的污染面积,在下风向且高降水量区域,短时间排放比连续排放更容易造成较大的污染面积[84]。因此,对比了低降水与高降水两种场景下的"脏弹"释放场景,研究其辐射剂量的空间分布差别。该算例的模拟分为两个时段,分别命名为 Case1 与 Case2。其中,Case1 模拟时间为 2016 年 4 月 6 日 0 时至 2016 年 4 月 7 日 14 时,排放时间为 4 月 6 日 14 时至 15 时;Case2 模拟时间为 2015 年 7 月 16 日 0 时至 2015 年 7 月 17 日 14 时,排放时间为 7 月 16 日 14 时至 15 时。

(2)"脏弹"恐怖袭击风险分析结果

图 4-7 所示为 Case1 与 Case2 的模拟结果,从上到下依次为累积总沉降量(干沉降与湿沉降的总和)、累积湿沉降量以及排放后第一小时降水量。从模拟过程来看,两个算例的放射性物质污染面积在排放结束后的 6～12 小时内达到稳定分布状态,与文献[34]的结论一致。

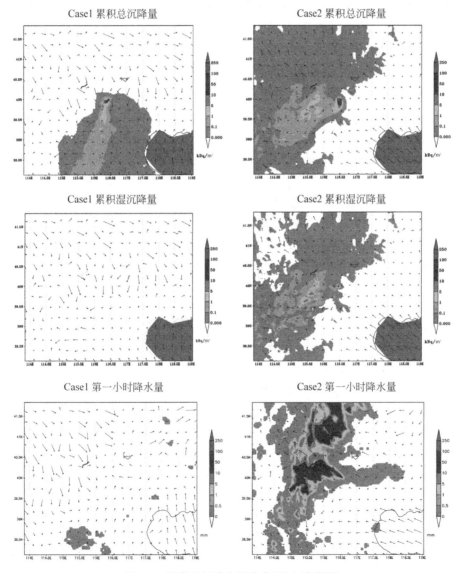

图 4-7　沉降量与降水量分布(见文前彩图)

尽管两个算例使用了同样种类、总量的"脏弹"污染物,且释放源所在位置、释放率与释放时长完全一致,但污染物最终分布却呈现了完全不同的特点。从总沉降量的分布来看,

Case1 中的污染物呈条状分布，即沿主要风向向释放源南部大范围延伸，高污染区域（大于 10kBq/m²）主要集中于释放源西南约 50km 范围。Case2 中的污染物则主要呈不规则块状分布，且在释放源西方向约 100km 处，形成了除释放源周边以外的另一个污染分布热点区域。从污染面积来看，Case2 中大于 10kBq/m² 的高污染区域面积远大于 Case1，且在 Case2 的释放源周边约 10km 范围出现了超过 100kBq/m² 的污染区域，而该级别的污染区域在 Case1 中并未出现。

两个算例中出现了不同的分布特点，主要原因为 Case1 中的总沉降全部为干沉降，如图 4-7 所示，Case1 中的累积湿沉降量为 0，而 Case2 中的总沉降则由干沉降和湿沉降共同构成，且除了释放源周边 20km 范围外，绝大部分区域的污染物沉降为湿沉降。因此，在"脏弹"恐怖袭击发生后的污染物扩散与沉降过程中，降水分布对结果起到了至关重要的影响。由图 4-7 可以看出，Case2 的第一小时降水于释放源西部与北部形成了非常明显的降水中心，其中，释放源西部的大面积降水即为 Case2 中的释放源西部的高污染区域形成的原因。而 Case1 中由于降水区域极小，且与主要下风向区域不吻合，因此，并未形成明显的湿沉降。

2. 基于 FLUENT 的复杂街区"脏弹"恐怖袭击风险分析[85]

污染源附近的地形条件是影响扩散的重要因素，且复杂地形的存在使得风场不再是均匀场，物质的扩散也变得更为复杂，与平坦地面的扩散差别较大，以往的研究能够从一定程度上描述放射性物质扩散的真实情况，但是对于复杂城市环境中的扩散情况则缺乏更为细致的描述。以往研究中，欧拉模型主要用于刻画远源区域的放射性物质扩散，考虑复杂街区建筑物屏蔽作用的近源区域的放射性物质扩散模拟研究极少。在公安机关参与的应急处突工作中，需要掌握事发地点附近、释放瞬间的放射性物质扩散情况，从而为精细化评估近源区域不同位置的辐射风险、评价警戒与疏散方案合理性提供依据，也为针对近源区域的应急预案制定提供一定的参考。基于以上实际需求，利用计算流体动力学（computational fluid dynamics，CFD）方法，研究放射性物质在不同风场和各类复杂建筑物几何结构下的扩散规律，分析不同风场条件下的辐射风险分布情况和最佳疏散路径，可以为相应应急平台的情景库建设提供帮助，为"脏弹"恐怖袭击下的应急处置提供决策支持。

（1）小尺度复杂街区模型

以某城市街区作为研究区域（坐标东经 116.37°，北纬 39.33°，简称街区），长宽分别为 135m 和 90m，分为九块区域（从西北到东南依次编号为 1~9 号区域），属于城市中常见的复杂街区（复杂街区：由形状大小、高度以及内部结构各不相同的各类不规则建筑物组成的街区，其中包括方形建筑、开口环形建筑及密集建筑群等）。首先以 1∶1 的比例构建几何模型。图 4-8(a) 所示为街区立体图、图 (b) 为平面示意图以及相关位置，A、B、C、D 为 4 个十字路口，1~7 为 7 个污染物浓度观测点（具体坐标见表 4-4）。风剖面方程为

$$\frac{\overline{v}(z)}{\overline{v}_b} = \left(\frac{z}{z_b}\right)^{\alpha} \tag{4-14}$$

式中，z_b 为标准参考高度，单位 m；$\overline{v}_b$ 为标准参考高度处的平均风速，单位 m/s；z 为任一高度，单位 m；$\overline{v}(z)$ 为任一高度处的平均风速，单位 m/s；α 为地面粗糙度指数，取 0.25。

定义 X 轴的正方向为北，Z 轴的正方向为东，北面和西面为风场速度入口边界，建筑物表面和地面采用无滑移的壁面条件（wall），其余 3 个面为压力出口边界，网格的总数目为 4894520 个，所划分的网格最大面尺寸为 4m，体尺寸为 5m，最小为 0.41m，通过单元格质量

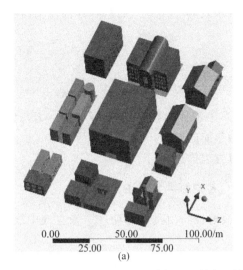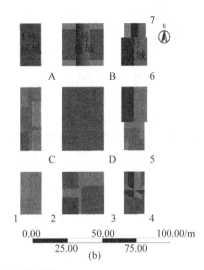

图 4-8　研究区域(见文前彩图)

和偏移度来判定网格质量(单元格质量最小为 0.16,最大为 0.99999,平均为 0.84;偏移度最小为 2.5×10^5,最大为 0.85,平均为 0.23),从而满足模拟需求(单元格质量越大越好,偏移度越小越好,不超过 85 为宜)。

表 4-4　观测点坐标

编　　号	X/m	Y/m	Z/m
1	-68	0	-46
2	-68	0	-22.5
3	-68	0	22.5
4	-68	0	46
5	-30	0	46
6	30	0	46
7	68	0	46

(2) 研究方法与算例设置

使用 ANSYS18.0 中的 design modeler 模块进行几何结构建模,使用 mesh 模块划分网格,使用 fluent 进行求解计算。

"脏弹"内选取的放射性核素为 ^{137}Cs,其半衰期为 30.17 年,不考虑其在小尺度复杂街区内扩散时的衰变和沉降影响。所有 ^{137}Cs 核素均被假定为气溶胶粒子形态,这一假设符合国内外相关研究的普遍做法。气溶胶粒子的流体运动质量方程为

$$\frac{\partial \rho}{\partial t} + \mathrm{div}(\rho \boldsymbol{v}) = 0 \tag{4-15}$$

式中,ρ 为密度,kg/m^3;t 是时间,s;$\boldsymbol{v}$ 是速度矢量,m/s。

动量守恒方程为

$$\frac{\partial}{\partial t}(\rho \boldsymbol{v}) + \mathrm{div}(\rho \boldsymbol{v} \boldsymbol{v}) = -\mathrm{div}(P) + \mathrm{div}(\bar{\tau}) + \rho \boldsymbol{g} + \boldsymbol{F} \tag{4-16}$$

式中，P 是静压强，Pa；$\bar{\tau}$ 是应力张量，kg/(m²·s²)；$\rho\boldsymbol{g}$ 是重力，N；$\boldsymbol{F}$ 是外部压力（例如由离散相的相互作用产生的力），N。

能量守恒方程为

$$\frac{\partial}{\partial t}(\rho T) + \mathrm{div}(\boldsymbol{v}\rho T) = \mathrm{div}\left(\frac{k}{C_p}\mathrm{grad}\,T\right) + S_T \tag{4-17}$$

式中，C_p 为比热容，J/(kg·K)；T 是温度，K；k 为流体的传热系数，W/(m²·K)；S_T 为流体的内热源及由于粘性作用流体机械能转换为热能的部分。

空气中的放射性浓度可由以下的浓度守恒方程描述：

$$\frac{\partial C_A}{\partial t} + \mathrm{div}(\boldsymbol{u}C_A) = \mathrm{div}\left[\rho K\ \nabla\left(\frac{C_A}{\rho}\right)\right] + E_{\mathrm{emis}} \tag{4-18}$$

式中，u 为风矢量；K 为湍流扩散系数；E_{emis} 为放射性物质排放源项；C_A 为空气中放射性物质的浓度。

设置了 8 个算例，分析风速和风向对污染物扩散的影响，共分为两组，如表 4-5 所示。

表 4-5　算例设置

组	算例	风速/(m/s)	风向
1	NW2①	2	西北风
	NW10②	10	西北风
	NW20	20	西北风
2	N2	2	北风
	N6	6	北风
	N10	10	北风
	N15	15	北风
	N20	20	北风

注：①算例命名规则：NW 代表风向为西北风，N 代表风向为北风，数字代表风速；②该算例作为参考算例。

"脏弹"的爆炸位置在街区的十字路口 A 点，如图 4-8 所示，初始压强为 10×10^7Pa，采用瞬态模拟。研究表明，同等排放量的前提下，短时间排放导致的污染面积远大于连续排放的污染面积，所以利用瞬时排放更益于研究污染的扩散情况。重力加速度设置为 -9.81m/s²（竖直向上为正），采用 species 组分和多相流模型，湍流的描述采用可实现的 k-ε 模型（Realizable k-ε），包含湍流粘度的替代公式，满足雷诺应力的数学约束条件。

在街区的南面和东面的七个出口的近地表分别设置了污染物随时间的浓度变化观测点。定义在图 4-10 的各坐标图中，曲线与横坐标轴所围成的面积为下风向各出口的辐射风险值：

$$S = \sum_{t=t_0}^{t_n} C_A \cdot \bar{\tau} \tag{4-19}$$

式中，S 为下风向各出口的辐射风险值，S 值越大，该出口受污染物影响也越大；$\bar{\tau}$ 为每次观测的时间步间隔，设 10 个时间步观测 1 次；t_0 和 t_n 分别为污染物到达观测点的初始时间和截取时间，s。

通过街区下风向各出口的辐射风险值、不同风场下整个街区的污染物扩散浓度分布及压强分布,综合分析放射性物质在小尺度复杂街区内的扩散规律。

(3)算例结果分析

① 放射性物质扩散规律分析

图4-9所示为4个主要算例(NW2、NW20、N2、N20)在66s时的放射性物质浓度分布图,其中图(a)、(b)算例风向为西北风,图(c)、(d)算例风向为北风;图(a)、(c)算例的风速为2m/s,图(b)、(d)算例的风速为20m/s。

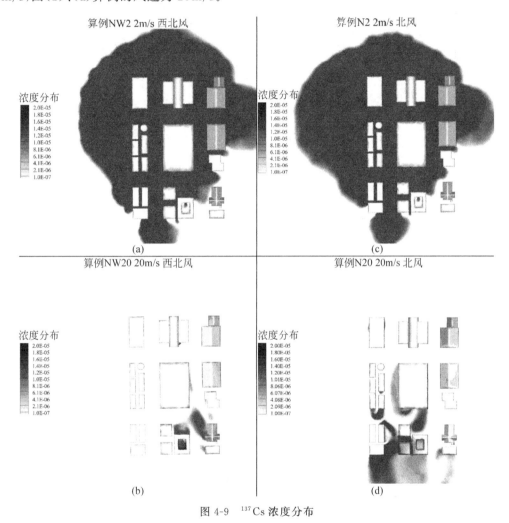

图4-9 ^{137}Cs浓度分布

从图4-9中可以看出,不同风场条件下的污染物扩散差异非常明显。如图4-9(a)、(c)所示,风速为2m/s时,放射性物质在街区内的分布情况相似,在街区外略有不同,整体呈高斯分布,算例NW2和算例N2相比,街区外浓度西侧较低、北侧较高。风速为2m/s时,不同风向对应的扩散情况较为相似,风向对放射性物质的扩散影响较小。如图4-9(b)、(d)所示,当风速为20m/s时,街区内的分布接近稳定。在算例NW20中,2、5号区域建筑物的东南角为高浓度区域(深色部分);4、8号区域的建筑群之间,存在少量残留。算例N20中,1、4、5、7、8、9号区域下风向的建筑物邻近区域,以及4、8号区域的建筑群之间出现了高浓度聚集。整体而言,风速为20m/s时,污染物在扩散了66s后已基本扩散至街区外,扩散较快。当风速为 10m/s 时,不同风向污染物扩散差异明显,高浓度区域恰好扩散至整个街区。

　　② 街区下风向各出口的辐射风险分析

　　图 4-10 为 7 个观测点在扩散后 66s 内的 ^{137}Cs 浓度(体积分数)变化曲线,横坐标为时间步,700 步对应为 66s,纵坐标为 ^{137}Cs 的浓度(体积分数)(10^{-3})。其中图(a)、(b)、(c)算例的风向为西北风,图(d)、(e)、(f)为北风,图(a)、(d)的风速为 2m/s,图(b)、(e)的风速为 10m/s,图(c)、(f)的风速为 20m/s。表 4-6 为下风向各出口的辐射风险值 S(定义见式(4-13))的计算结果。

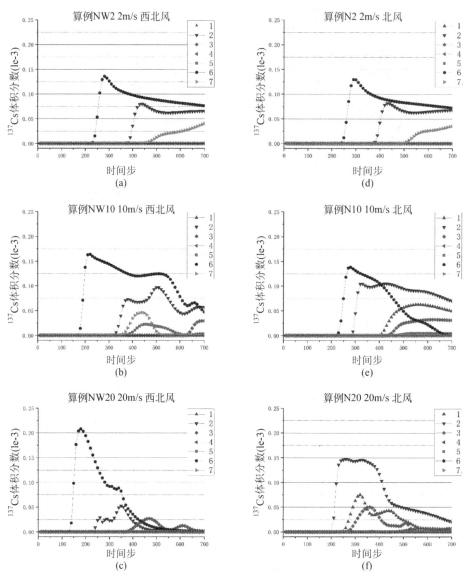

图 4-10　观测点 ^{137}Cs 浓度分布(见文前彩图)

表 4-6　下风向各出口辐射风险值

算例	持续时间/s	风速/(m/s)	风向	观测值(10^{-5})							
				1号观测点	2号观测点	3号观测点	4号观测点	5号观测点	6号观测点	7号观测点	合计
NW2	66	2	西北风	0	2049	0	0	0.7	4316	566	6933
NW10	66	10	西北风	11.3	2405	161	18.5	319	5987	439	9333
NW10(187)[①]	187	10	西北风	14.4	3046	2088	216	1031	6887	440	13724
NW20	66	20	西北风	0.4	616	369	16.6	18.9	3307	0	4328
N2	66	2	北风	0	2096	0	0	0	3969	484	6550
N6	66	6	北风	46.3	230	15.8	0	3.2	313	0	562
N10	66	10	北风	1520	3750	718	14.2	97.5	3100	0	7679
N15	66	15	北风	1690	4330	900	52.2	43.4	936	0	6261
N20	66	20	北风	1210	4000	692	115	1.7	5.3	0	4814
距离爆炸源的距离/m	—	—	—	120	97.5	142.5	165	127.5	67.5	105	—

注：该算例为 NW10 算例延迟至 187s 的情况。

对比算例 NW2、NW10、NW20(因考虑下风向各出口，因此仅比较 2、3、5、6 号出口)，发现西北风下，6 号出口在各类风速下 S 值均最大，为高风险区域；当风速不大(2m/s、10m/s)时，3 号出口 S 值最小，为最佳疏散出口；当风速较大(20m/s)时，5 号为最佳疏散出口。

在西北风下的 2 号和 6 号出口，在 10m/s 时 S 值最大，风险最高，在 20m/s 时风险最低；3 号出口在 20m/s 时风险最高，2m/s 时风险最低；5 号出口在 10m/s 时风险最高，2m/s 时风险最低。

对比算例 N2、N6、N10、N15 和 N20，发现在北风下，当风速较小(2m/s 和 6m/s)时，6 号出口 S 值最大，为高风险区域，当风速较大(10m/s、15m/s 和 20m/s)时，2 号出口为高风险区域；当风速较小(2m/s)时，3、5 号出口 S 值均最小，属安全区域，考虑到爆炸源和出口的曼哈顿距离，最佳疏散出口为 5 号出口；当风速为 6m/s、10m/s、15m/s 和 20m/s 时，5 号出口为最佳疏散出口。

在北风下的 2 号出口，在 15m/s 时风险最高，在 6m/s 时风险最低；3 号出口在 15m/s 时风险最高，2m/s 时风险最低；5 号出口在 10m/s 时风险最高，2m/s 时风险最低；6 号出口在 2m/s 时风险最高，20m/s 时风险最低。

对比算例 NW2、N2，发现各个观测点 S 值大小相近，差别最多不超过 10%，并且 1、3、4 号出口的 S 值均为 0，6 号出口的 S 值均最大。说明在风速较小(2m/s)时，风向对于污染物扩散的影响较小。对比算例 NW10 和算例 N10，发现从 1 号到 3 号 S 值都不同程度增加(分别为原来的 135 倍、1.6 倍和 4.5 倍)，从 4 号到 7 号，S 值都有所减少(分别为原来的 0.86 倍、0.3 倍、0.5 倍和 0 倍)。对比算例 NW20、N20，发现 1 号到 4 号 S 值都大幅度增加(分别为原来的 12100 倍、6.5 倍、1.9 倍和 7.0 倍)，而 5 号到 7 号 S 值大幅度减小(分别为原来的 0.09 倍、0.002 倍和 0 倍)。说明在同一个风向下，风速越大，下风向的辐射风险值越大，但是当风速达到 20m/s 时，辐射风险值反而会减小。此外，对于 1、2、3 号出口，在同等风速下,北风比东北风对上述出口的影响更大;对于5、6、7号出口,东北风的影响则更大。

综合各风速条件下的辐射风险值的总和,发现在10m/s时各出口的辐射风险值总和最大,6m/s时各出口的辐射风险值总和最小,因此在复杂街区内,当风速为10m/s时,"脏弹"恐怖袭击的风险最大,当风速为6m/s时,风险最小。

③ 放射性污染物扩散成因分析

为分析部分复杂区域对风场扩散的影响,将参考算例NW10的时间延长至187s。由图4-8街区的平面图可见,对于爆炸源,3号和5号、2号和6号出口是分别相对风向位置对称的两个出口,曼哈顿距离相近(3、5号出口为142.5m和127.5m;2、6号出口为97.5m和67.5m),但是3号出口的S值为5号出口S值的2.0倍,6号出口的S值为2号出口S值的2.3倍。

图4-11(a)为算例NW10在121s的污染物扩散图,图(b)为算例NW10在121s的压力分布图。121s时^{137}Cs在2号区域的东面和东南面区域出现了高浓度聚集。图4-11(b)显示上述高浓度聚集区域为低压区,即建筑物下风向邻近区域出现的"湍涡"。对比NW10和NW10(187)的2、6号出口观测点的结果发现,6号出口的S值分别为2号出口的2.5倍和3号出口的2.3倍,说明"脏弹"在A点爆炸扩散后,有较多的污染物被2号出口及3号出口区域的"湍涡"吸引至了6号出口。由图4-11(a)能看到121s时,^{137}Cs在4号出口区域有高浓度聚集,可知4号出口区域为^{137}Cs易聚集难扩散的地方,从A点扩散开的污染物会有部分扩散至该区域,导致该区域的污染物浓度高于A点和C点之间的街道,因此疏散时应选择空旷街道,避免这种建筑物密集区域。

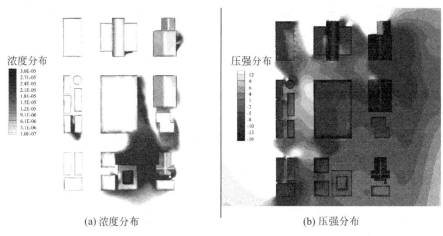

(a) 浓度分布　　　　　　　　　　　(b) 压强分布

图4-11　扩散121s后西北风10m/s下的^{137}Cs浓度分布和压强分布

由图4-11(a),121s时^{137}Cs在5号出口区域的南面出现高浓度聚集。结合图4-11(b)可知该区域出现"湍涡"。因此从A、B点往南扩散的污染物,部分到了C、D点会因此往该区域聚集并增加地表沉积外照射剂量。由图4-11(a),121s时^{137}Cs在8号区域东边开口环形区域内出现高浓度聚集,在D点的污染也会因此沉积在该区域,减少从5号出口扩散。对比NW10和NW10(187)的3、5号观测点的结果发现,3号出口的S值分别为5号出口的0.5倍和2.0倍,说明在66s时,5号区域的"湍涡"和8号区域尚未对D点污染物的扩散产生较大影响,到187s时3号出口的下风向辐射风险值已经是5号出口的两倍。

4.3　本章小结

本章介绍了多主体仿真法和数值模拟法两种基于动力学演化的风险分析方法。在社会安全风险分析中,多主体仿真模型可以应用于风险演化过程的分析,通过对影响社会安全事件风险的主体进行属性和规则设置,建立多主体模型,实现对风险演化结果的分析。例如,在 4.1.2 节中,利用多主体仿真法,分析了恐怖组织在获取"脏弹"的情况下,在具体场景中发动袭击的风险演化规律。数值模拟法主要应用于核、生、化恐怖袭击等涉及有害物质扩散的后果分析。例如,在 4.2.4 节中,利用数值模拟法分析了"脏弹"袭击已经发生的情况下,风险后果的演化规律。

基于动力学演化分析的方法使用模拟数据进行风险分析,主要依赖于比较确定、成熟的动力学机制、规则和规律,可以应用于大规模群体性事件、恐怖袭击事件、核生化袭击事件等比较极端的、偶发的、专家知识和记录数据比较匮乏的社会安全风险分析。

5

基于数据挖掘的方法

基于数据挖掘的方法通常利用数据挖掘模型,基于历史数据和相关风险要素的状态数据(实时数据),对社会安全事件发生的可能性及潜在的后果进行定量分析,主要应用于公安情报、侦查、治安防控等与具体业务关系较为紧密、业务数据和实时感知数据较为充足、时效性要求较高的社会安全风险分析。本章介绍 5 种典型的基于数据挖掘的方法,包括时序分析法、空间分析法、分类分析法、回归分析法、关联规则分析法。首先将介绍上述方法的基本原理,进而通过具体案例(盗窃风险分析)阐述如何利用不同来源、不同类型的数据进行挖掘分析。

5.1 时序分析法

5.1.1 ARIMA 分析法

自回归整合移动平均(auto-regressive integrated moving average,ARIMA)模型是时序分析中的经典方法之一,由 Box 和 Jenkins 于 20 世纪 70 年代共同提出,因此又称为 B-J 模型[86]。该模型描述的是某一时序数据本身的统计规律,通过历史时序数据的相关关系揭示其动态结构特性及发展规律。由于考虑了数据的随机性特点,该模型能够适用于较为复杂的数据建模。该模型由自回归(AR)模型、移动平均(MA)模型和自回归移动平均(ARMA)模型三个模型组成。

AR(p)模型通过序列滞后 p 项的加权和与一个随机扰动项来建立模型,其形式为

$$x_t = \alpha_1 x_{t-1} + \alpha_2 x_{t-2} + \cdots + \alpha_p x_{t-p} + \varepsilon_t \tag{5-1}$$

其中,$x_{t-1}, x_{t-2}, \cdots, x_{t-p}$ 为平稳序列过去 p 时期的观测值;$\alpha_1, \alpha_2, \cdots, \alpha_p$ 表示自回归系数,表示 x_t 依赖于过去的程度;ε_t 为随机干扰误差项,是一个 0 均值、常方差 σ_a^2、独立的白噪声序列。

MA(q)模型由随机扰动项的当前值和滞后 q 项的加权和来建立模型,其形式为

$$x_t = \varepsilon_t - \beta_1 \varepsilon_{t-1} - \beta_2 \varepsilon_{t-2} - \cdots - \beta_q \varepsilon_{t-q} \tag{5-2}$$

其中,$\varepsilon_{t-1}, \varepsilon_{t-2}, \cdots, \varepsilon_{t-q}$ 为白噪声序列;$\beta_1, \beta_2, \cdots, \beta_q$ 为模型的移动平均系数。

ARIMA(p,q)模型运用时间序列的过去值、当前值以及滞后随机扰动项的加权来建

立模型,其形式为

$$x_t = \alpha_1 x_{t-1} + \cdots + \alpha_p x_{t-p} + \varepsilon_t - \beta_1 \varepsilon_{t-1} - \cdots - \beta_q \varepsilon_{t-q} \tag{5-3}$$

其中,$x_{t-1}, x_{t-2}, \cdots, x_{t-p}$ 为历史观测值;$\alpha_1, \alpha_2, \cdots, \alpha_p, \beta_1, \beta_2, \cdots, \beta_q$ 为模型参数;$\varepsilon_t, \varepsilon_{t-1},$ $\cdots, \varepsilon_{t-q}$ 为系统随机误差。

ARIMA 模型的构建主要分为如下四步[87]:

(1) 数据预处理。数据预处理主要是对数据的时序特征进行平稳化检验和去季节性,其中平稳化检验是数据预处理中最重要的工作,数据序列平稳时可直接进行建模,序列不平稳时则需进行一阶或高阶差分处理。其中序列的平稳性检验一般采用单位根检验的方式,如 ADF (Augmented Dickey-Fuller Test)[88],得到 ADF 统计量的检验值小于 1% 置信水平下的临界值时,则拒绝原单位根假设,表明该数据序列不具有单位根,该数据序列显著平稳;

(2) 模型识别与定阶。ARIMA 模型的结构和阶数主要通过数据序列的自相关和偏自相关来确定,见式(5-4),式(5-5)。其判别标准为:如果偏自相关函数为 p 步截尾,且自相关函数呈指数或正弦衰减,则模型为 AR(p);如果自相关函数为 q 步截尾,且偏自相关函数呈指数或正弦衰减,则模型为 MA(q);若自相关函数与偏自相关函数皆不截尾,均收敛至 0,则模型为 ARIMA(p, q);

$$\hat{\rho}_k = \frac{\dfrac{1}{n} \sum\limits_{t=k+1}^{n} X_t X_{t-k}}{\dfrac{1}{n} \sum\limits_{t=1}^{n} X_t^2} = \frac{\sum\limits_{t=k+1}^{n} X_t X_{t-k}}{\sum\limits_{t=1}^{n} X_t^2} \tag{5-4}$$

$$\begin{bmatrix} \alpha_1 \\ \alpha_2 \\ \vdots \\ \alpha_k \end{bmatrix} = \begin{bmatrix} \hat{\rho}_1 \\ \hat{\rho}_2 \\ \vdots \\ \hat{\rho}_k \end{bmatrix} \begin{bmatrix} \hat{\rho}_0 & \hat{\rho}_1 & \cdots & \hat{\rho}_{k-1} \\ \hat{\rho}_1 & \hat{\rho}_2 & \cdots & \hat{\rho}_{k-2} \\ \vdots & \vdots & \ddots & \vdots \\ \hat{\rho}_{k-1} & \hat{\rho}_{k-2} & \cdots & \hat{\rho}_0 \end{bmatrix}^{-1} \tag{5-5}$$

(3) 模型的参数估计。用于参数估计的算法主要有极大似然估计、最小二乘估计、矩阵估计等。由于矩阵估计方法简单、精度较差而很少采用,一般多采用极大似然估计或最小二乘法估计[88];

(4) 适应性检验。ARIMA 模型建立后需要进一步对模型的可靠性与适应性进行检验。主要检验的是模型的参数显著性以及残差的随机性。模型的参数通过假设检验来实现,而残差的随机性检验则可通过直方图、LM 统计检验等方法来实现,若残差序列经过检验证明为白噪声序列则表明模型具有较高的适应性,否则需要重新进行建模以及参数估计,直至检验通过为止。

5.1.2　SARIMA 分析法

SARIMA 模型是在 ARIMA 模型上进行扩展和改进得到的,包含了对季节性或周期性因素的考虑。在周期内,SARIMA 模型提取当前时刻数据与前期数据的关联性;在周期间,提取当前时刻数据与前几个周期相同时刻数据的关联性[89]。把数据周期内和周期间的关联性结合起来,可以更加全面地描述序列的变化规律。因此,SARIMA 模型对于序列变化情况的拟合也更准确。SARIMA 模型可以表示为 SARIMA(p, d, q)(P, D, Q)s,其中(p,

d,q)是非季节部分,(P,D,Q)s 是季节部分[90]。

假设$\{x_t,t=0,\pm1,\cdots\}$是周期为 s 的随机序列,则 SARIMA 的一般形式为

$$\Phi_p(L)A_P(L^s)\Delta^d\Delta_s^D x_t=\Theta_q(L)B_Q(L^s)u_t \tag{5-6}$$

其中

$$\Phi_p(L)=1-\phi_1 L-\phi_2 L^2-\cdots-\phi_p L^p \tag{5-7}$$

$$A_P(L^s)=1-\alpha_1 L^s-\alpha_2 L^{2s}-\cdots-\alpha_P L^{Ps} \tag{5-8}$$

$$\Theta_q(L)=1-\theta_1 L-\theta_2 L^2-\cdots-\theta_q L^q \tag{5-9}$$

$$B_Q(L^s)=1-\beta_1 L^s-\beta_2 L^{2s}-\cdots-\beta_Q L^{Qs} \tag{5-10}$$

其中Δ,Δ_s 分别表示非季节和 s 期季节性差分算子,即 $\Delta=1-L$,$\Delta_s=1-L^s$,故 $\Delta x_t=(1-L)x_t$,$\Delta_s x_t=(1-L^s)x_t=x_t-x_{t-s}$。$d$、$D$ 分别表示非季节和季节性差分次数,保证把 x_t 转换成平稳的序列。u_t 为白噪声序列,$Eu_t=0$,$Var(u_t)=\sigma^2$;$\varphi_p(L)$和 $A_P(L^s)$分别称为非季节与季节自回归算子。$\Theta_q(L)$和 $B_Q(L^s)$分别称为非季节与季节性移动平均算子。d、D 分别为非季节性和季节性差分阶数,p、P 分别为非季节性和季节性的自回归系数,q、Q 分别为非季节性和季节性的滑动平均系数[91]。

SARIMA 模型的构建与 ARIMA 模型的构建基本相同,主要分为如下四步。

(1) 数据预处理:SARIMA 模型构建的前提条件是数据序列平稳,数据序列平稳可直接进行建模,若序列不平稳则需要采用差分(d)、季节性差分(D)和对数变换等方法使序列平稳,采用单位根检验序列平稳性;

(2) 模型识别与定阶:SARIMA 模型的结构和阶数主要通过转换后的平稳序列的自相关和偏自相关来确定,对模型的阶数进行前期判断,初步估计 p、q 值。此外,P、Q 的取值主要通过尝试和比较的方法确定,一般不超过 2,可采用凑试法选择最优模型[92];

(3) 模型的参数估计:通常采用最小二乘估计法进行参数估计;

(4) 适应性检验:SARIMA 模型参数确定后需要进一步检验模型的可靠性与适应性。模型的参数均呈现显著,且模型残差序列的 ACF 与 PACF 显著趋于 0 为随机序列,则检验通过,否则需要重新进行建模以及参数估计直至检验通过。

5.1.3 方法应用

选取我国某城市(A 市)2005 年 1 月至 2011 年 12 月的每月实际盗窃案件数据进行时间序列 ARIMA 的犯罪预测研究,案件数据包括盗窃案件数量和对应时间。图 5-1 所示为 2005 年 1 月至 2011 年 12 月每月盗窃次数的时序图。从图中可见 A 市每月发生盗窃案件的数量具有较大的波动性和随机性,不具有明显的周期性波动,但在 2005 年至 2008 年中旬前有下降趋势,2008 年中旬至 2010 年趋于平稳。参考 ARIMA 分析法的建模步骤,盗窃案件的 ARIMA 预测分析分为三步:第一步,建立 2005 年 1 月至 2011 年 12 月的每月盗窃案件数量的时间序列;第二步,根据盗窃数据的时间序列进行初步分析,对 2005 年 1 月至 2010 年 12 月进行时间序列 ARIMA 建模;第三步:使用 ARIMA 模型对 2011 年每月盗窃数据进行预测分析。

首先,对序列进行 ADF 单位根检验,检验结果发现 ADF 统计量的检验值为-0.26,均大于 1%,5%,10%置信水平下的临界值(见表 5-1),表明该序列属于非平稳序列。因此,对该数据序列进行一次差分,并对差分后的序列再次进行 ADF 检验,检验结果发现 ADF 统

—— 实际值

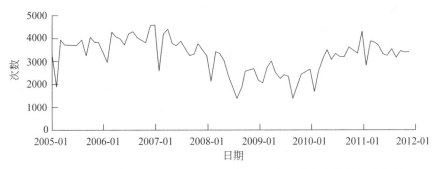

图 5-1　A市 2005 年 1 月至 2011 年 12 月每月盗窃案件数量时序图

计量的检验值变为 -8.29，均小于 1%，5%，10% 置信水平下的临界值，且 p 值为 0，表明此数据序列无单位根，即差分后的数据序列属于平稳序列。

表 5-1　数据序列的单位根检验结果

ADF 检验		差分前		差分后	
		t 统计量	p	t 统计量	p
		-0.26	0.59	-8.29	0.00
检验临界值	1%	-2.6		-2.6	
	5%	-1.9		-1.9	
	10%	-1.6		-1.6	

对差分后的数据序列求延迟 16 阶的自相关系数（ACF）和偏自相关系数（PACF），结果如图 5-2 所示。从图中可见，数据序列的 ACF 在 1 阶之后就小于 2 倍标准差，呈现截尾的特征，而 PACF 则在 3 阶之后便小于 2 倍标准差，可以判断为 3 阶截尾。因此，数据序列符合的模型为 ARIMA(3,1,1)。采用最小二乘估计法求模型参数并对结果进行统计检验，结果均呈现为显著，同时残差序列不存在自相关关系，故构建的模型是较为理想的。以上，综合模型参数估计的结果，最终拟合出模型 ARIMA(3,1,1) 的表达式为

$$D(x_t) = 2.991 - 0.233 D(x_{t-1}) - 0.361 D(x_{t-2}) - 0.214 D(x_{t-3}) + 0.313 \varepsilon_{t-1} + \varepsilon_t$$

$$(5\text{-}11)$$

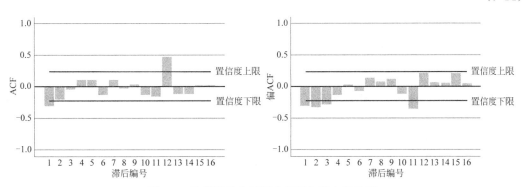

图 5-2　数据平稳化序列自相关与偏自相关图

使用 ARIMA(3,1,1)模型对 2005—2011 年 A 市每月盗窃次数进行预测,图 5-3 显示为模型拟合的结果,结果显示 ARIMA(3,1,1)模型拟合效果较好。为定量分析模型的预测效果,采用了平均绝对百分比误差 $MAPE$ 为

$$MAPE = \frac{1}{n}\sum_{t=1}^{n}\left|\frac{X_t - X'_t}{X_t}\right| \times 100\% \tag{5-12}$$

其中 X_t, X'_t 分别为真实值和预测值。n 为预测样本的个数。$MAPE$ 的值越小,表明模型的预测精度越高。计算得到 ARIMA(3,1,1)模型预测结果的 $MAPE$ 为 8.34%,表明预测结果较为良好,ARIMA 模型能够适应复杂的数据序列建模分析。针对盗窃案件数量建立的 ARIMA 模型可应用于情报分析和预警工作中,为盗窃案件的预测预警以及防控工作的开展提供一定的参考和借鉴。

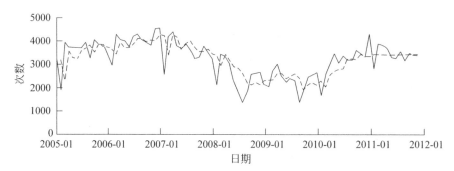

图 5-3　A 市 2005—2011 年 ARIMA(3,1,1)模型拟合及预测曲线

5.2　空间分析法

5.2.1　核密度估计法

核密度估计法是一种基于概率分布的空间统计方法,其基本原理是在每一个犯罪活动的空间位置上设置一个核密度函数,然后用所有犯罪活动的密度函数来表示犯罪活动在空间范围内的分布[93]。对于某个区域内的犯罪活动,其密度分布表示为所有犯罪活动邻域内的核密度函数贡献之和。因此,对于空间上分布的犯罪活动 $x_1, x_2, \cdots, x_n$ 中的任意一点 x_k,邻域内的其他点 x_i 对它的贡献率由 x_k 到 x_i 的距离所决定。设核函数为 K,则 x_k 点处的概率密度可以表示为

$$f(x) = \frac{1}{nh}\sum_{i=1}^{n}K\left(\frac{x_k - x_i}{h}\right) \tag{5-13}$$

其中,K 通常用高斯正态分布函数表示;h 为核函数的带宽。其中 h 对核密度估计的结果有较大的影响:当 h 较大时,显示出的热点分布较为分散,热点之间的过渡比较平滑,视觉效果较好;当 h 较小时,则显示的热点分布较为集中。目前关于 h 的取值尚没有较好的定义,要达到比较理想的热点分析效果需要多次试验来确定[94]。

5.2.2 Moran's I 指数

空间自相关是地理空间对象的重要性质,描述了空间区域中位置 i 与其邻近位置 j 上同一变量之间的关联性[95]。空间自相关性可以分为全局空间自相关性和局部空间自相关性[96]。空间自相关性的测度函数中,Moran's I 指数应用较为广泛。全局 Moran's I 指数最早用于全局空间相关检验的统计指标,反映了空间邻接或空间邻近的区域单元观测值的相似程度,主要用于判断研究范围内部相邻区域之间是否存在正、负关联性。而局部 Moran's I 指数主要测度局部空间自相关性,探测局部空间聚集模式。

全局 Moran's I 是由 Moran 提出[97],其定义为[94,96]:

$$\text{Moran's } I = \frac{\sum_{i=1}^{n}\sum_{j=1}^{n}W_{ij}(x_i-\bar{x})(x_j-\bar{x})}{S^2\sum_{i=1}^{n}\sum_{j=1}^{n}W_{ij}} \tag{5-14}$$

其中,$S^2=\frac{1}{n}\sum_{i=1}^{n}(x_i-\bar{x})^2$;$\bar{x}=\frac{1}{n}\sum_{i=1}^{n}x_i$,$x_i$ 表示第 i 个区域内变量的观察值;n 是区域总数;W_{ij} 是二进制的空间相邻权数矩阵的任一元素,其数值代表空间区域之间的邻接关系,一般采用邻接标准或距离标准。邻接标准的 W_{ij} 为

$$W_{ij}=\begin{cases}1, & \text{当区域 } i \text{ 和区域 } j \text{ 相邻}\\ 0, & \text{当区域 } i \text{ 和区域 } j \text{ 不相邻}\end{cases} \tag{5-15}$$

式中,$i,j=1,2,\cdots,n$。

全局 Moran's I 指数的变化范围是 $[-1,1]$。Moran's I 指数取正值时,表示数据呈现空间正相关;取负值时表示数据呈现空间负相关。当全局 Moran's I 指数为 0 时,表示结果不存在空间自相关性,绝对值越接近 1,则相关性越强。

根据空间数据的分布可以计算出正态分布全局 Moran's I 指数的期望值为:$E_n(I)=-\frac{1}{n-1}$,方差为

$$VAR_n(I)=\frac{n^2\omega_1+n\omega_2+3\omega_0^2}{\omega_0^2(n^2-1)}-E_n^2(I) \tag{5-16}$$

其中,$\omega_0=\sum_{i=1}^{n}\sum_{j=1}^{n}\omega_{ij}$;$\omega_1=\sum_{i=1}^{n}\sum_{j=1}^{n}(\omega_{ij}+\omega_{ji})^2$;$\omega_2=\sum_{i=1}^{n}(\omega_{ig}+\omega_{gi})^2$。式中,$\omega_{ig}$ 和 ω_{gi} 分别为空间权重矩阵中第 i 行和第 i 列之和。可以进一步将全局 Moran's I 指数的检验转化为标准正态检验:

$$Z(d)=\frac{\text{Moran's } I-E(I)}{\sqrt{VAR(I)}} \tag{5-17}$$

当 Z 为正值并显著时,表明结果存在正的空间自相关性,即相似的变量值(高值或低值)趋于空间聚类;当 Z 为负值并显著时,表明结果存在负的空间相关性,即相似的变量值趋于分散分布;当 Z 为 0 时,变量值呈随机分布。

全局 Moran's I 指数主要用来探测整个区域的空间自相关效应,但由于空间异质性的存在,使得空间过程在研究区域的范围内通常不是均匀同质。全局 Moran's I 指数无法反映这种局部区域的空间异质性和不稳定性[98]。因此,需要构造局部 Moran's I 指数,用以

衡量空间对象的属性值在局部的相关性质。局部 Moran's I 指数由 Anselin[99] 于 1995 年提出,其定义为

$$I_i = \frac{n(x_i - \bar{x})\sum\limits_{j=1}^{n}\omega_{ij}(x_i - \bar{x})}{\sum\limits_{i=1}^{n}(x_i - \bar{x})^2} = \frac{nZ_i\sum\limits_{j=1}^{n}\omega_{ij}Z_j}{Z^{\mathrm{T}}Z} = z_i'\sum_{j=1}^{n}\omega_{ij}z_j' \tag{5-18}$$

其中,z_i' 和 z_j' 是经过标准差标准化的观测值;ω_{ij} 的定义同式(5-15)。局部 Moran's I 指数检验的标准化统计量为

$$Z(I_i) = \frac{I_i - E(I_i)}{\sqrt{VAR(I_i)}} \tag{5-19}$$

5.2.3 Gi^* 算法

Gi^* 算法[93]的表达式为

$$Gi^* = \frac{\sum\limits_{j=1}^{n}\omega_{i,j}x_j - \bar{X}\sum\limits_{j=1}^{n}\omega_{i,j}}{S\sqrt{\dfrac{n\sum\limits_{j=1}^{n}\omega_{i,j}^2 - \left(\sum\limits_{j=1}^{n}\omega_{i,j}\right)^2}{n-1}}} \tag{5-20}$$

其中,x_j 为要素 j 的属性值;$\omega_{i,j}$ 为要素 i 和 j 的空间权重;n 为空间要素总数。

$$\bar{X} = \frac{\sum\limits_{j=1}^{n}x_j}{n} \tag{5-21}$$

$$S = \sqrt{\frac{\sum\limits_{j=1}^{n}x_j^2}{n} - (\bar{X})^2} \tag{5-22}$$

每个要素返回的 Gi^* 就是 Z 统计量值。对于统计学上的显著性正 Z 值,Z 值越高,热点的聚类效应越显著。对于统计学上的显著性负 Z 值,Z 值越低,冷点的聚类就越紧密。所谓的冷点即犯罪活动水平显著低于周边的区域。

5.2.4 方法应用

近年来,犯罪时空热点分布作为一种重要的情报信息,对安全防范、犯罪侦查与打击等多方面的公安业务起到了支持作用。依据犯罪空间热点分析的基础理论和方法,利用某市某派出所辖区 2012—2014 年的全部扒窃和入室盗窃数据(扒窃数据共 1153 条,入室盗窃数据共 1272 条),进行案例分析。

采用核密度估计法对空间热点进行计算,并利用地理信息系统(geographic information system,GIS)中的核密度估计功能实现扒窃与入室盗窃的空间热点探索。图 5-4 所示为扒窃与入室盗窃案件的空间热点分布。结果可以看出,入室盗窃案件的热点区域主要为 C、D 两个区域,而在图中左上住宅区,也存在面积略小、等级略低的热点。C、D 两个住宅区为 TYG 区域内的回迁房集中区域,人员流动性大、安防措施较为落后,且多数房屋处于租赁

状态(多为合租),为入室盗窃的实施提供了较为方便的环境。扒窃案件的热点区域主要为A、B两个区域,A、B两个区域为TYG地区最大的商业中心,说明该地区的扒窃案件主要为商场扒窃。

在派出所控制盗窃案件发案率的工作中,由于警力有限,通常只能以少数巡警、治安民警、社区民警和辅警在重点区域和时段展开巡逻、排查等工作。此分析获得的热点区域可以作为民警开展工作的首选空间节点,为犯罪打击、安全防范、视频巡控等工作提供宏观决策支持。

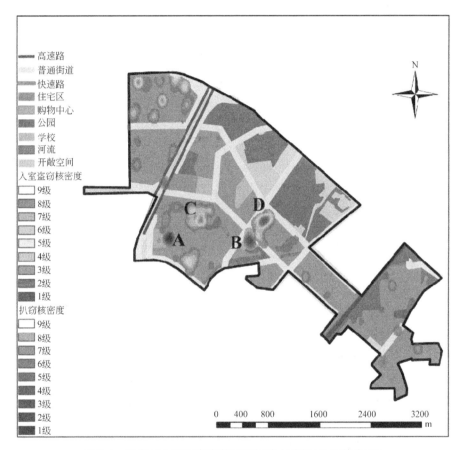

图 5-4　扒窃与入室盗窃案件的空间热点分析(见文前彩图)

5.3　分类分析法

5.3.1　逻辑回归

逻辑回归[100]又被称为逻辑斯蒂回归(logistic regression),常被用于二分类任务。其核心思想是按照式(5-23)中的 Sigmiod 函数,输出目标类别的概率,通常将概率小于 0.5 的输出值记为 0,概率大于 0.5 的值记为 1。

逻辑回归的计算公式为

$$f(z) = \frac{1}{1+\mathrm{e}^{-z}} \tag{5-23}$$

式中，$z = \omega_0 + \omega_1 x_1 + \omega_2 x_2 + \cdots + \omega_n x_n$。

图 5-5 为 Sigmoid 函数示意图[100]，从中可以发现，Sigmoid 函数是单调可微函数，且在 z 接近 0 时斜率较大，类似于单位越阶函数，收敛很快，因此，逻辑回归在分类任务上往往表现出较好的准确性和效率。

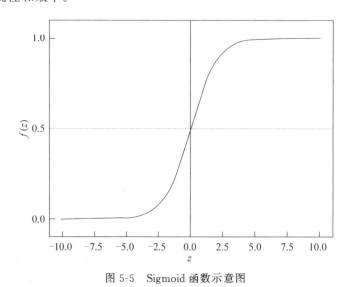

图 5-5 Sigmoid 函数示意图

5.3.2 K 近邻

K 近邻（K-nearest neighbor，KNN）[100]可用于分类和回归，其基本思想为：选定某一未知样本，在训练数据集中找到与该样本最邻近的 K 个样本（通常用欧式距离或曼哈顿距离），并根据这 K 个已知样本对未知样本的类别或取值进行预测。

通常，在分类任务中使用"投票法"来确定未知样本的类别，即选择这 K 个样本中出现最多的类别标记为位置样本类别。例如，图 5-6 中共有 13 个已知样本，7 个六角星和 6 个五角星表示两种类别的样本，圆点为未知样本点，对圆点的类别进行判定时，K 取不同的值，分类结果会有显著不同。$K=4$ 或 $K=13$ 时，圆点周围六角星的数量大于五角星的数量，因此，圆点被判定为六角星，同理，$K=9$ 时，圆点被判定为五角星。

5.3.3 决策树

决策树（decision tree）[101]是直观运用概率分析的一种图解法。由于这种决策分支画成图形很像一棵树的枝干，故称决策树。与流程图类似，非树叶节点表示在某个属性上进行判断，叶子节点表示预测结果，可用于分类和回归任务。其中，分类树是一种常用的分类方法，属于监督学习。决策树分类的计算流程为：

（1）根据信息增益或基尼指数选择分裂属性，并根据该属性将根节点相应的样本划分

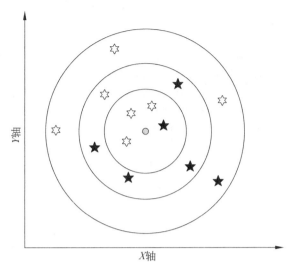

图 5-6　K 近邻算法分类示例图

至左子树和右子树。

（2）将左子树和右子树作为新的根节点重复步骤（1）。

（3）直到某一节点满足下述 4 个条件之一,则决策树停止继续分裂：

① 数据量小于一个设定的最小节点数；

② 熵或者基尼值小于设定的阈值；

③ 决策树的深度达到设定的阈值；

④ 所有特征已经分裂完毕。

（4）最终,分类树根据叶子节点输出某一类型（或者是各类型）的概率。

对于数据集的连续属性,通常采用二分法的方式进行处理,即对一个连续属性,对样本集中的所有该属性的取值升序排序,然后取相邻两个取值的平均值作为阈值进行二分类,计算不同阈值下的信息增益或基尼指数,选择该属性下的最佳阈值代入运算。对于较特殊的连续属性,如身高、体重等,也可使用多分类法对其进行处理。

决策树的构建算法主要有 ID3 和 C4.5（用于分类）、CART（可用于分类和回归）。

5.3.4　神经网络

人工神经网络（artificial neural networks，ANN）[102],是模拟生物神经网络进行信息处理的一种数学模型,由大量的节点（或称神经元）相互联接构成。每个节点代表一种特定的输出函数,称为激活函数（activation function）。每两个节点间的连接都代表一个对于通过该连接信号的加权值,称之为权重,这相当于人工神经网络的记忆。其输出受到网络连接方式、权重值和激活函数的影响。网络自身通常是对自然界某种算法或者函数的逼近,也可能是对一种逻辑策略的表达。表 5-2 列举了常用的 6 种人工神经网络算法。

表 5-2　人工神经网络算法

算法名称	算法描述
BP 神经网络	BP 神经网络是一种按误差逆传播算法训练的多层前馈网络,学习算法是 δ 学习规则,是应用最广泛的神经网络模型之一
LM 神经网络	LM 神经网络是基于梯度下降法和牛顿法结合的多层前馈网络,特点是迭代次数少、收敛速度快、精确度高
RBF 径向基神经网络	RBF 网络能够以任意精度逼近任意连续函数,从输入层到隐含层的变换是非线性的,而从隐含层到输出层的变换是线性的,特别适合于解决分类问题
FNN 模糊神经网络	FNN 网络是具有模糊权系数或者输入信号是模糊量的神经网络,是模糊系统与神经网络相结合的产物,它汇聚了神经网络与模糊系统的优点,集联想、识别、自适应及模糊信息处理于一体
GMDH 神经网络	GMDH 网络也称为多项式网络,是前馈神经网络中常用的一种用于预测的神经网络。它的特点是网络结构不固定,而且在训练中不断改变
ANFIS 自适应神经网络	ANFIS 网络镶嵌在一个全部模糊的结构之中,在不知不觉中向训练数据学习,自动产生、修正并高度概括出最佳的输入量与输出变化量的隶属函数以及模糊规则;另外,神经网络的各层结构与参数也都具有了明确的、易于理解的物理意义

神经网络包括神经元(输入数据的节点)和神经线(神经元之间的连线),并包含三个基础的架构层,分别为输入层,隐含层和输出层。隐含层可包括多层神经元,为便于计算,各层神经元通常设置为相同的数量。在神经网络中,每一层的神经元内部都不互相连接,相邻层神经元之间则两两互相连接。

以 BP 神经网络为例,基本 BP 算法包括两个方面:信号的前向传播和误差的反向传播。计算实际输出时按从输入到输出的方向进行,而权值和阈值的修正按从输出到输入的方向进行。

(1) 信号的前向传播过程

在前向传播过程中,除输入层外,其余每层的各个神经元所接受的输入值 net_i 均为其上一层所有神经元的值乘以其对应的神经线上的权重值之和,再加上其自身的阈值,公式如下:

$$net_i = \sum_{j=1}^{n}(\omega_{ij}x_j) + \theta_i \tag{5-24}$$

其中,ω_{ij} 表示该层第 i 个节点与前一层第 j 个节点之间的神经线上的权值;θ_i 表示该层第 i 个节点的阈值;n 为前一层中神经元的数量。

输出 y_i 为对输入的 net_i 值加上该神经元自身的阈值所做的一个激活函数,公式如下:

$$y_i = \phi(net_i) = \phi\left(\sum_{j=1}^{n}(\omega_{ij}x_j) + \theta_i\right) \tag{5-25}$$

其中,$\phi(x)$ 表示该层的激活函数。

当数据在神经网络中进行前向传播时,除输入层外各层神经元均按序进行以上计算,并将其计算结果作为输入值提供给下一层的神经元,直到在输出层输出最终预测结果。

(2) 误差的反向传播过程

误差的反向传播,即首先由输出层开始逐层计算各层神经元的输出误差,然后根据误差梯度下降法来调节各层的权值和阈值,使修改后网络的最终输出能接近期望值。对于每

一个样本 p，其二次型误差准则函数为

$$E_p = \frac{1}{2} \sum_{k=1}^{L} (T_k^p - y_k^p)^2 \tag{5-26}$$

其中，T_k^p 为第 k 个输出实际值；y_k^p 为第 k 个输出预测值。系统对 p 个训练样本的总误差准则函数为

$$E = \frac{1}{2} \sum_{p=1}^{P} \sum_{k=1}^{L} (T_k^p - y_k^p)^2 \tag{5-27}$$

根据上面计算出来的 E 求出各条神经线上的权值和各个神经元的阈值修正量 Δw_{ij} 和 $\Delta \theta_i$，其调整公式分别为

$$\Delta \omega_{ij} = -\eta \frac{\partial E}{\partial \omega_{ij}} = -\eta \frac{\partial E}{\partial net_i} \frac{\partial net_i}{\partial \omega_{ij}} = -\eta \frac{\partial E}{\partial y_i} \frac{\partial y_i}{\partial net_i} \frac{\partial net_i}{\partial \omega_{ij}} \tag{5-28}$$

$$\Delta \theta_i = -\eta \frac{\partial E}{\partial \theta_i} = -\eta \frac{\partial E}{\partial net_i} \frac{\partial net_i}{\partial \theta_i} = -\eta \frac{\partial E}{\partial y_i} \frac{\partial y_i}{\partial net_i} \frac{\partial net_i}{\partial \theta_i} \tag{5-29}$$

其中，y_i 为待修正神经元的输出值(或待修正神经线所连后一节点的输出值)；net_i 为输入值；w_{ij} 为待修正神经线上的权值；θ_i 为待修正神经元上的阈值。

在误差的反向传播过程中，除输入层外各层神经元和神经线均需进行以上调整。在 BP 神经网络的训练过程中，将重复进行多次前向传播和反向传播的过程，每次都会对各个权值和阈值的参数进行一定修正，最终获得最佳参数。神经网络广泛应用于各个领域，训练一个高性能的神经网络往往需要大量的训练数据和计算资源的支撑。

5.3.5　支持向量机

支持向量机(support vector machines，SVM)[103]属于监督学习，可用于分类和回归任务，其核心原理为：根据支持向量找到一个最优超平面对样本进行划分。

以分类问题为例，如图 5-7 的二维平面所示，圈内的点为离分隔平面最近的异类样本点，称为支持向量(support vector)，支持向量到超平面的距离之和称为间隔(margin)，支持向量机其实就是要找到这么一个超平面，使得间隔最大。图中有 3 条直线可以区分六角星和五角星，其中间的粗实线使得间隔最大，因此中间的粗实线为最优的分割线。

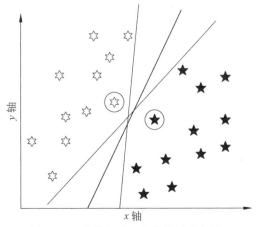

图 5-7　支持向量机分类模型示意图

　　上述划分方法得到的最大间隔称为硬间隔(hard margin),即所有样本点都不能出现在该间隔内。但现实中的数据会出现一些异常点为支持向量的情况,这些样本点会导致模型按训练出来的最优超平面划分测试集样本时泛化能力不强,因此,支持向量机会允许一些样本点出现在间隔中,但这些点要尽可能少,这样的间隔被称为软间隔(soft margin)。

　　示例中使用了二维数据点,因此使用一条线就可以将数据点划分开。如果数据是三维的,就需要一个平面来划分数据点,如果是三维以上则需要一个超平面。因此,SVM 算法的核心就是如何求出一个最优的超平面,这个平面要符合两个要求:一是它要夹在两类样本点之间;二是它离两类样本点中所有与它距离最近的点,都尽可能得远。所谓"支持向量",就是距离分类超平面最近的样本点,因为每一个样本点都是一个多维的向量,向量的每一个维度都是这个样本点的一个特征。超平面的一般性表达为

$$\omega^{\mathrm{T}} x + b = 0 \tag{5-30}$$

其中,ω 和 x 都是 n 维列向量,x 为平面上的点,ω 为平面上的法向量,决定了超平面的方向,b 是一个实数,代表超平面到原点的距离。且

$$x = (x_1, x_2, \cdots, x_d)^{\mathrm{T}} \tag{5-31}$$

$$\omega = (\omega_1, \omega_2, \cdots, \omega_d)^{\mathrm{T}} \tag{5-32}$$

　　在多维空间中,一个多维点到一个超平面的距离,也就是几何间隔,其计算公式为

$$\gamma = \frac{\omega^{\mathrm{T}} x + b}{\parallel \omega \parallel} \tag{5-33}$$

　　如果这个超平面(ω, b)能够将样本正确分类,则对于任意的样本点,$(x_i, y_i) \in D$,都有

$$\begin{cases} \omega^{\mathrm{T}} x + b > 0, & y_i = +1 \\ \omega^{\mathrm{T}} x + b < 0, & y_i = -1 \end{cases} \tag{5-34}$$

通过缩放变换,可以使其满足:

$$\begin{cases} \omega^{\mathrm{T}} x + b \geqslant +1, & y_i = +1 \\ \omega^{\mathrm{T}} x + b \leqslant -1, & y_i = -1 \end{cases} \tag{5-35}$$

其中,使等号成立的训练样本点就是支持向量。对于所有的支持向量,要使它们到超平面 $\omega^{\mathrm{T}} x + b$ 的距离最大,即

$$max_{\omega, b} \gamma = max_{\omega, b} \frac{\omega^{\mathrm{T}} x + b}{\parallel \omega \parallel} = max_{\omega} \frac{1}{\parallel \omega \parallel} \tag{5-36}$$

　　这时候两边的支持向量到超平面的距离之和(也就是其间隔)为 $max_{\omega} \dfrac{1}{\parallel \omega \parallel}$,为了计算方便,将其等价为

$$max_{\omega} \frac{2}{\parallel \omega \parallel} = max_{\omega} \frac{1}{2} \parallel \omega \parallel^2 \tag{5-37}$$

$$y_i (\omega^{\mathrm{T}} x_i + b) \geqslant 1, \quad i = 1, 2, \cdots, m \tag{5-38}$$

　　结合式(5-38)就可以利用拉格朗日乘数法计算出它的极值,从而求出这个超平面。此推导过程略为复杂,不再在此赘述,详细了解可以参考凸二次规划,结合 SMO 算法理解 SVM 计算超平面的详细过程。

　　SVM 算法最初是为二分类问题设计的,当处理多分类问题时,就需要构造合适的多分类器。

5.3.6　贝叶斯分类

朴素贝叶斯[104]用于分类任务,是一种特殊假设下的贝叶斯方法。贝叶斯方法的核心原理见 3.4 节。朴素贝叶斯分类器(naive Bayes classifier)在贝叶斯公式的基础上,假设所有特征相互独立,即假设每个特征会对分类结果产生独立的影响,基于上述假设,式(3-6)可重写为

$$P(c \mid x) = \frac{P(c)P(x \mid c)}{P(x)} = \frac{P(c)}{P(x)} \prod_i^d P(x_i \mid c) \tag{5-39}$$

其中 d 为属性数目;x_i 为 x 在第 i 个属性上的取值。由于对于所有的类别 $P(x)$ 都相同,因此贝叶斯判定准则(如式(5-40)所示)即为朴素贝叶斯的表达式。

$$h_{nb}(x) = \underset{c \in y}{\operatorname{argmax}} P(c) \prod_{i=1}^d P(x_i \mid c) \tag{5-40}$$

在分类任务中,训练数据里包括了各个特征组合对应的类别,当某待分类的特征组合未在训练集中出现时,就需要通过朴素贝叶斯方法推理出该待分类的特征组合对应的类别(假设各特征间相互独立)。

5.3.7　集成学习

集成学习方法[100]是将几种机器学习技术组合成一个预测模型的元算法,构建算法主要分为 Boosting 和 Bagging。通过集成学习,可以很好地达到减小方差、偏差或改进预测的效果。

在机器学习中,监督学习的目标是通过已知的特征和标签学习出一个稳定的且在各个方面表现都较好的模型,但实际情况通常没有这么理想,有时只能通过训练得到多个有偏好的模型(弱监督模型,仅在某些方面表现比较好)。集成学习通过组合多个弱监督模型以得到一个更好、更全面的强监督模型,即便某个弱分类器预测了错误的结果,其他的弱分类器也可以将错误纠正回来。

随机森林(random forest)[105]是以决策树为基学习器构建的模型,是集成学习的一个典型代表。随机森林在 Bagging 算法上进行了扩展,其基本原理如下:

(1) 使用自助采样法对数据进行自助采样,采集创建一组与原数据集大小相同的数据集。接下来,基于每个新创建的数据集来构造基决策树,构造过程中,每棵基决策树可使用不同的构造原理。对基决策树的每个节点,先从该节点的属性集合中随机选择一个包含 k 个属性的子集。

(2) 从这个子集中选择一个最优属性用于划分。由于使用了自助采样,随机森林中构造每棵决策树的数据集都是略有不同的,又由于每个节点的特征选择,每棵树中的每次划分都是基于特征的不同子集。这两种方法共同保证随机森林中所有树都不相同。

(3) 对于预测结果,随机森林对多个基学习器的预测结果采用“投票法”确定。“投票法”包括绝对多数投票法(majority voting)、相对多数投票法(plurality voting)和加权投票法(weighted voting)。

随机森林解决了决策树性能瓶颈的问题,对噪声和异常值有较好的容忍性,对高维数

据分类问题具有良好的可扩展性和并行性。大量实例证明,随机森林在分类和回归问题上往往优于传统算法。

5.3.8 方法应用

本节以盗窃犯罪为例,介绍机器学习分类算法在社会安全风险分析中的应用。使用经过脱密处理后的某北方大型城市 2009—2014 年的盗窃高危人员数据,研究盗窃高危人员分类问题,从而应用于盗窃高危人员的再犯罪风险分析。

经过数据清洗,共得到 2158 条高危人员静态属性数据。在此基础上,通过高危人员身份信息,与高危人员动态轨迹数据库进行了关联,得到了与 2158 个高危人员一一对应的多类动态轨迹数据。数据集特征变量及特征值定义如表 5-3 所示。

其中,"静态属性"数据分为身份属性和案件属性,身份属性主要包括:人员性别、文化程度、年龄、是否为吸毒人员、是否属于特殊群体、是否为流动人口、是否为旧货出售人员等。案件属性主要包括:案发时间(Time1、Time2、Time3)、暂住地至案发地距离。"动态轨迹"主要包括:案发后是否存在典当行为、当月被盘查次数、当月网吧上网次数。案犯类型则为目标变量。

暂住地至案发地距离一项由地理解码和距离计算得到,其他数据经过处理后得到了表 5-3 中的特征值。

表 5-3 数据集特征变量及特征值定义

特 征 变 量	变量名	数据类型	特征值	特征值定义
案发时间 1	Time1	Bool	0	其他时间
			1	0:00—06:00
案发时间 2	Time2	Bool	0	其他时间
			1	06:00—12:00
案发时间 3	Time3	Bool	0	其他时间
			1	12:00—18:00
暂住地至案发地距离	Dist	Double	—	—
性别	Sex	Bool	0	女
			1	男
文化程度	Edu	Int	0	文盲
			1	小学
			2	初中
			3	高中
			4	大学肄业,大学在校
			5	大学以上
年龄	Age	Int	—	—

特 征 变 量	变量名	数据类型	特征值	特征值定义
是否为吸毒人员	Drug	Bool	0	否
			1	是
是否属于特殊群体	Sens	Bool	0	否
			1	是
是否为流动人口	Flp	Bool	0	否
			1	是
是否为旧货出售人员	Junk	Bool	0	否
			1	是
案发后是否具有典当行为	Pawn	Bool	0	否
			1	是
当月被盘查次数	Check	Int	—	—
当月网吧上网次数	OL	Int	—	—
案犯类型	CT	Bool	0	初犯
			1	累犯

使用的原始数据中,仅提供了高危人员的暂住地和案发地的详细地址的文字描述,未给出经纬度坐标。因此,为了更全面地对时空轨迹信息进行建模以提升对再犯罪预测的准确率,选用 Baidu Geocoding API 提供的 BD-09 标准,对暂住地和案发地的地址进行地理信息编码,并使用大圆距离公式计算暂住地到案发地之间的距离为

$$Dist = R * \arccos[\sin(LatA)\sin(latB) + \cos(LatA)\cos(LatB)\cos(LonA - LonB)] * \pi/180 \tag{5-41}$$

其中 $Dist$ 表示暂住地到案发地的距离(km);R 表示地球的平均半径,为 6371.004km; $LatA$ 表示暂住地纬度;$LonA$ 表示暂住地经度;$LatB$ 表示案发地纬度;$LonB$ 表示案发地经度。

原始数据中的初犯数据量为 1714 条,而累犯数据量仅为 444 条,初犯/累犯比例约为 3.86∶1,存在一定的不平衡性,因此,采用了 SMOTE(synthetic minority over-sampling technique)算法来消除数据的不平衡性。SMOTE 算法是一种基于随机过采样方法的改进算法。随机过采样方法为通过简单复制少数类样本、增加少数类数据比重的一种方法,该方法极易产生过拟合的问题,使模型的泛化能力大打折扣。而 SMOTE 算法则首先对少数类样本进行分析,对其中的每一个样本 x_i,以欧氏距离为标准计算其到所有少数类样本的距离,并得到其 K 近邻数据点,在此基础上,根据原始数据样本的不平衡比例,设置采样比,从而确定采样倍率。进而,对于每一个少数类样本 x_i,从其 K 近邻数据点中随机选择若干样本,并分别与原始数据样本按照如下公式生成新的样本数据:

$$x_{new} = x_i + (\hat{x}_i - x_i) \times \delta \tag{5-42}$$

其中 x_{new} 为新生成样本;x_i 为少数类样本;$\hat{x}_i$ 为从 x_i 的 K 近邻数据点中随机选择的样本;

δ 为随机数,且 $\delta \in [0,1]$。

通过 SMOTE 算法,新建了 1270 个少数类数据点,从而使初犯/累犯的比例达到了 1∶1。

在利用机器学习算法进行数据分析之前,对数据集中的非 Bool 类型的变量按照以下公式进行了标准化:

$$X = \frac{x - \text{MinValue}}{\text{MaxValue} - \text{MinValue}} \tag{5-43}$$

其中,x 为原始数据;MinValue 为该数据列中的最小值,而 MaxValue 则表示该数据列中的最大值。

对以上处理完毕的数据集,探索使用逻辑回归、随机梯度下降、支持向量机、K 近邻、决策树、梯度提升决策树以及随机森林、深度森林分类器共 8 种机器学习分类模型对盗窃高危人员进行了初犯/累犯分类,并全面比较其分类性能。

对于分类结果采用了准确性(accuracy)、精确率(precision)、召回率(recall)和调和平均数 F_1 来评价模型的性能。4 种指标的定义如下:

$$\text{accuracy} = \frac{T_P + T_N}{T_P + T_N + F_P + F_N} \tag{5-44}$$

其中,T_P 表示累犯预测正确的样本数量;T_N 表示初犯预测正确的样本数量;F_P 表示累犯预测错误的样本数量;F_N 表示初犯预测错误的样本数量。

精确率(precision)反映了在所有的累犯数据中,被正确识别为累犯的概率,为

$$\text{precision} = \frac{T_P}{T_P + F_P} \tag{5-45}$$

召回率(recall)反映了在所有被预测为累犯的数据中,实际预测正确(累犯)的概率,F_N 表示真实身份为初犯,但是被预测为累犯。

$$\text{recall} = \frac{T_P}{T_P + F_N} \tag{5-46}$$

F_1 值为精确率和召回率的调和平均数,精确率和召回率越接近,则 F_1 值越高。

$$F_1 = \frac{2}{\dfrac{1}{\text{precision}} + \dfrac{1}{\text{recall}}} \tag{5-47}$$

表 5-4 所示为采用以上 4 种性能评价指标,基于静态属性和动态轨迹,对 8 种机器学习模型在盗窃高危人员分类问题上的性能比较结果。

表 5-4　各种机器学习模型对盗窃高危人员分类的性能比较结果

模型	准确性	精确率	召回率	F_1 值
逻辑回归	0.63	0.63	0.65	0.64
随机梯度下降	0.60	0.47	0.67	0.55
支持向量机	0.65	0.65	0.67	0.66
K 最近邻	0.70	0.76	0.69	0.72
决策树	0.73	0.85	0.69	0.76

续表

模型	准确性	精确率	召回率	F_1 值
梯度提升决策树	0.63	**0.90**	0.59	0.71
随机森林	0.78	0.81	**0.77**	**0.79**
深度森林	**0.79**	0.83	0.72	0.77

从表 5-4 所示的性能指标评价结果来看,非线性分类器(即支持向量机分类器、K 近邻分类器、决策树分类器、梯度提升决策树分类器、随机森林分类器和深度森林分类器)的分类结果明显优于线性分类器(即逻辑回归分类器和随机梯度下降分类器)的分类结果,尤其是决策树、梯度提升决策树、随机森林和深度森林方法的分类性能具有更高的评价得分。其中,深度森林的准确性最高(0.79),梯度提升决策树的精确率最高(0.90),随机森林的召回率(0.77)和 F_1 值(0.79)最高。经过参数优化后,随机森林模型对盗窃高危人员的 F_1 值最高可以达到 0.88。

5.4　回归分析法

5.4.1　线性回归

一元线性回归是指因变量的变化主要由一个自变量影响,而多元线性回归中因变量的变化往往受两个或两个以上自变量的影响,并且多个自变量与因变量之间是线性关系[106]。

多元线性回归模型的表达式为

$$Y_i = \beta_0 + \sum_{j=1}^{n} \beta_j X_{ij} + \varepsilon_i, \quad i = 1, 2, \cdots, n \tag{5-48}$$

其中,Y_i 是全局因变量;X_{ij} 是自变量;β_j 值为自变量权重系数,在数据标准化的情况下,β_j 值越大,代表各个 X_{ij} 与 Y_i 的相关性越高;β_0 为常量;ε_i 为随机误差项。

对于模型参数的求解一般有最小二乘估计、极大似然估计法和矩估计法三种方法,三种方法得到的参数估计结果是一致的。本节主要介绍最小二乘估计法。最小二乘估计法的核心思想是:找到一组参数 β,使得"样本点到平面的距离和最小",或者说最小化残差平方和。如果 $b_0, b_1, \cdots, b_k$ 分别为 $\beta_0, \beta_1, \cdots, \beta_k$ 的拟合值,则回归方程为

$$\hat{y} = b_0 + b_1 x_1 + b_2 x_2 + \cdots + b_k x_k \tag{5-49}$$

式中,b_0 为常数;$b_1, b_2, \cdots, b_k$ 为偏回归系数,当其他自变量 $x_j (j \neq i)$ 都固定时,自变量 x_i 每变化一个单位而使应变量 y 平均改变的数值。根据最小二乘法原理,$\beta_i (i = 0, 1, \cdots, k)$ 的估计值 $b_i (i = 0, 1, \cdots, k)$ 使 Q 值最小时即求得函数参数值。Q 如下式求解

$$Q = \sum_{l=1}^{n} (y_l - \hat{y}_l)^2 = \sum_{l=1}^{n} [y_l - (b_0 + b_1 x_{1l} + b_2 x_{2l} + \cdots + b_k x_{kl})]^2 \tag{5-50}$$

5.4.2　机器学习方法

在 5.3 节中介绍了有关的机器学习方法。本节具体用到以下机器学习回归模型。

（1）支持向量机

支持向量机模型具体参考 5.3.5 节。在支持向量机回归预测模型中,不同于分类模型找到一个最优超平面对样本进行划分,机器学习得到的回归模型 $f(x)=\omega^{\mathrm{T}}x+b$,其中 $\omega=(\omega_1,\omega_2,\cdots,\omega_n)$,即以 $f(x)$ 为中心构建宽度为 2ε 的间隔带,若训练样本在间隔带内则认为是正确的,如图 5-8 所示,两条虚线之间即为间隔带。

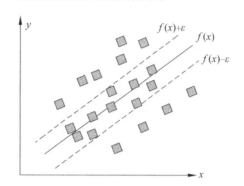

图 5-8　支持向量机回归模型示意图

（2）K 近邻算法

K 近邻算法模型具体参考 5.3.2 节,K 近邻回归模型与分类模型同样也不需要训练参数,通常在分类任务中使用"投票法",即选择这 K 个实例中出现最多的标记类别作为预测结果,而在回归任务中可使用"平均法",即将这 K 个实例的实值输出标记的平均值作为预测结果,只需要借助周围 K 个最近训练样本的目标值,对待测试样本的回归值进行决策,即将这 K 个邻近的某个（些）属性的平均值赋给该样本,就可以得到该样本对应属性的值。衡量待测样本回归值的不同方式,即普通的算术平均算法和考虑距离差异的加权平均。

（3）决策树模型

决策树模型原理介绍具体参考 5.3.3 节,回归树即使用决策树处理回归问题。一个回归树对应着特征空间的一个划分以及在划分单元上的输出值。回归树与分类树不同的是:回归树采用一种启发式的方法对输入空间进行划分,回归树模型会遍历所有输入变量,找到最优的切分变量 j 和最优的切分点 s,即选择第 j 个特征 x_j 和它的取值 s,将输入空间划分为两部分,然后重复这个操作。

（4）随机森林模型

随机森林模型具体参考 5.3.7 节的集成学习模型。

随机森林模型应用在回归与分类任务上的区别在于随机森林的每棵 Cart 树是分类树还是回归树。如果 Cart 树是分类树,采用的就是 Gini 指数的计算原则,基于每棵树的分类结果,采用多数表决的手段进行分类。如果 Cart 树是回归树,采用的原则是最小均方差,即对于任意划分特征 M,对应的任意划分点 s 两边划分成的数据集 N_1 和 N_2,求出使 N_1 和 N_2 各自集合的均方差最小,同时 N_1 和 N_2 的均方差之和最小所对应的特征和特征值划分点。

5.4.3　地理加权回归

空间非平稳性即由于地理位置发生变化,变量间关系或者结构也会随之发生变化。地理加权回归模型是一种用于考虑空间变化关系的回归模型,可以解决可能存在的空间非平稳性问题。地理加权回归在选择的研究区域内根据每个要素的空间位置,逐点测量空间距离,利用距离计算得到连续衰减函数,将各个要素的空间位置(一般为坐标值)和要素值代入衰减函数,即得到每个要素值的地理加权回归系数(回归方程中的权重)。

GWR 模型公式[107-109]为

$$Y_i = \beta_0(u_i, v_i) + \sum_{j=1}^{n} \beta_j(u_i, v_i) X_{ij} + \varepsilon_i, \quad i = 1, 2, \cdots, n \tag{5-51}$$

其中,Y_i 是全局因变量(盗窃犯罪数量);X_{ij} 是自变量;β_j 是地理加权的回归系数,每个局部 β_j 反映每个 X_{ij} 对 Y_i 贡献的空间不稳定性;β_0 为常量;ε_i 为随机误差项。

其中距离衰减函数为得到权重的核心。基于地理学第一定律:位置越接近的数据比较远的数据对结果的影响更大,影响越大权重就越大。衰减函数的距离公式为

$$\hat{\beta}(u_i, v_i) = [X^T W(u_i, v_i) X]^{-1} X^T W(u_i, v_i) Y \tag{5-52}$$

其中 $W(u_i, v_i)$ 为空间权重矩阵,常见的空间权重函数有距离阈值法、距离反比法和高斯函数法。其中

$$X = \begin{bmatrix} 1 & x_{11} & \cdots & x_{1k} \\ 1 & x_{21} & \cdots & x_{2k} \\ \vdots & \vdots & \ddots & \vdots \\ 1 & x_{n1} & \cdots & x_{nk} \end{bmatrix}, \quad W(u_i, v_i) = \begin{bmatrix} w_{i1} & 0 & \cdots & 0 \\ 0 & w_{i2} & \cdots & 0 \\ \vdots & \vdots & \ddots & \vdots \\ 0 & 0 & \cdots & _{in} \end{bmatrix},$$

$$\beta = \begin{bmatrix} \beta_0(u_1, v_1) & \beta_1(u_1, v_1) & \cdots & \beta_k(u_1, v_1) \\ \beta_0(u_2, v_2) & \beta_1(u_2, v_2) & \cdots & \beta_k(u_2, v_2) \\ \vdots & \vdots & \ddots & \vdots \\ \beta_0(u_n, v_n) & \beta_1(u_n, v_n) & \cdots & \beta_k(u_n, v_n) \end{bmatrix}, \quad Y = \begin{bmatrix} y_1 \\ y_2 \\ \vdots \\ y_n \end{bmatrix}。$$

5.4.4　回归模型性能评价指标

在回归分析中,通常采用预测值与真实值之间的偏差来衡量回归分析的性能,回归分析的评价指标包括 R^2(R-squared)、均方根误差 $RMSE$(root mean squared error)等,计算公式为

$$R^2 = 1 - \frac{\sum_{i=1}^{n} (y_i - \hat{y}_i)^2}{\sum_{i=1}^{n} (y_i - \bar{y}_i)^2} \tag{5-53}$$

$$RMSE = \sqrt{\frac{\sum (y_i - \hat{y}_i)^2}{n}} \tag{5-54}$$

式中 y_i 表示真实值,$\hat{y}_i$ 表示预测值,$\bar{y}_i$ 表示 y_i 的期望,n 为数据的总样本量。R^2 是衡量样本回归线对样本观测值的拟合程度。R^2 越接近 1 表明模型的拟合程度越好。$RMSE$ 是

预测结果精度的指标,值越小则表明模型误差越小,预测越准确。

除 R^2 和 $RMSE$ 外,回归分析中还需要进行显著性检验。显著性检验(significance test)是统计假设检验(statistical hypothesis testing)的一种,是用于检测科学实验中实验组与对照组之间是否有差异以及差异是否显著的办法。一般而言,把要检验的假设称之为原假设,记为 H_0,把与 H_0 相反的假设称之为备择假设,记为 H_1。如果原假设为"真",而原假设的检验不通过,则把这种错误称为第一类错误,并将第一类错误出现的概率记为 α。如果原假设为"否",而原假设通过了检验,则把这种错误称为第二类错误,并将第二类错误出现的概率记为 β,通常只限定犯第一类错误的最大概率 α,把这样的假设检验称为显著性检验,概率 α 称为显著性水平。显著性水平一般考虑 $\alpha=0.05$ 和 $\alpha=0.01$ 这两种情况,代表着显著性检验的结论错误率低于 5% 或 1%(统计学中,通常把在现实世界中发生概率小于 5% 的事件称为"不可能事件")。

f 检验(F-test),又称方差比率检验(variance ratio test)或联合假设检验(joint hypotheses test),由英国统计学家 Fisher 提出,主要通过比较两组数据的方差,以确定它们的密度是否有显著性差异。以方差分析为例,进行 f 检验的一般步骤为:

(1) 设两组样本 X_1 和 X_2 都服从正态分布,提出无效假设 H_0,即两组样本没有差异 $(S_1^2=S_2^2)$。备选假设 H_1 为两组样本存在显著差异。

(2) 在无效假设 H_0 成立的前提下,计算统计量 f 值为

$$f=\frac{S_1^2}{S_2^2} \tag{5-55}$$

$$S^2=\frac{1}{n-1}\sum_{i=1}^{n}(x_i-\overline{X})^2 \tag{5-56}$$

其中,S_1^2 和 S_2^2 为两组样本的方差,其计算方式如式(5-56)所示。式(5-56)中,x_i 为样本中的个体;n 为样本中个体的总数;$\overline{X}$ 为样本的均值。

(3) 根据分子自由度 $df_1=n_1-1$ 和分母自由度 $df_2=n_2-1$(n_1,n_2 分别为两组样本的个体总数),查 f 检验临界值表,找出规定的 f 检验临界值。当临界值差异的显著性水平为 $\alpha=0.05$ 或 $\alpha=0.01$ 时,显著水平临界值分别记为 $f(df_1,df_2)_{0.05}$ 和 $f(df_1,df_2)_{0.01}$。

(4) 比较计算得到的 f 值和 f 检验临界值,推断发生的概率,依据给出的 f 检验的差异显著性关系表(表 5-5)进行判断。

表 5-5　f 检验的差异显著性关系

f	p 值	差异显著程度
$f\geqslant f(df_1,df_2)_{0.01}$	$p\leqslant0.01$	差异非常显著
$f\geqslant f(df_1,df_2)_{0.05}$	$p\leqslant0.05$	差异显著
$f<f(df_1,df_2)_{0.05}$	$p>0.05$	差异不显著

判断两组数据之间是否存在系统误差,则需要在进行 f 检验并确定它们的密度没有显著性差异之后,再进行 t 检验。t 检验(t-test)是用于两组小样本(样本容量通常小于 30)的平均值差异程度的检验方法,是用 t 分布理论来推断差异发生的概率,从而判定两个平均数的差异是否显著。t 检验的步骤为:

（1）建立无效假设 $H_0:\mu_1=\mu_2$（μ_1,μ_2 分别为两组数据的平均数），即先假定两组数据之间没有显著差异。

（2）计算统计量 t 值，对于不同类型的问题选用不同的统计量计算方法；

a. 如果要评价一个总体中的小样本的平均数与总体样本的平均值之间的差异程度，其统计量 t 值的计算公式为

$$t=\frac{\overline{X}-\mu_0}{\sqrt{\dfrac{S}{n-1}}} \tag{5-57}$$

其中，$\overline{X}$ 为总体样本的平均值；μ_0 为小样本的平均数；S 为小样本的方差；n 为小样本的个体总数。

b. 如果要评断两组样本平均数之间的差异程度，其统计量 t 值的计算公式为

$$t=\frac{\overline{X}_1-\overline{X}_2}{\sqrt{\dfrac{x_1^2+x_2^2}{n_1+n_2-2}\cdot\dfrac{n_1+n_2}{n_1 n_2}}} \tag{5-58}$$

其中，$\overline{X}_1$ 和 $\overline{X}_2$ 分别是两组样本的平均数；x_1 和 x_2 分别为两组样本的个体；n_1 和 n_2 分别为两组样本的个体总数。

（3）根据自由度 $df=n-1$，查 t 检验临界值表，找出 t 检验临界值。当临界值差异的显著性水平为 $\alpha=0.05$ 或 $\alpha=0.01$ 时，显著水平临界值分别记为 $t(df)_{0.05}$ 和 $t(df)_{0.01}$。

（4）比较计算得到的 t 值和 t 检验临界值，推断发生的概率，依据下列给出的 t 检验的差异显著性关系表（表5-6）进行判断。

表 5-6 t 检验的差异显著性关系

t	p 值	差异显著程度
$t\geqslant t(df)_{0.01}$	$p\leqslant0.01$	差异非常显著
$t\geqslant t(df)_{0.05}$	$p\leqslant0.05$	差异显著
$t<t(df)_{0.05}$	$p>0.05$	差异不显著

5.4.5 方法应用

本节针对数量大、规律性强的盗窃犯罪，利用多元线性回归、机器学习、地理加权回归等多种模型，探索盗窃犯罪的发案率与盗窃高危人员轨迹点数量之间的关系，从而为盗窃犯罪的情报分析和打击处置提供决策支持。

本节的数据集包括经过脱密处理后的 2014 年北方某大型城市（A市，人口密度大，流动人口多，盗窃犯罪案件数量多，盗窃高危人员活动频繁，具有研究价值和代表性）约 71000 条盗窃犯罪案件数据及 36000 条轨迹点数据（包括盗窃高危人员被盘查点、盗窃高危人员网吧上网点、盗窃高危人员文娱旅店从业地点、盗窃高危人员流动人口暂住点）。根据盗窃高危人员的日常活动范围，选择了以上活动地点，这些活动轨迹在一定程度上可能反映风险分布。根据日常活动理论，盗窃高危人员被盘查点和盗窃高危人员网吧上网点往往聚集大量携带现金或贵重物品的人员，在环境犯罪学中，这些地点被称为犯罪

发生地和犯罪吸引地。在时间和空间上,网吧的特殊营业时间(全天)和营业点(分布广泛)为犯罪提供了天然的机会,柏纯洁[110]指出与网吧有关的犯罪呈急剧上升态势。暂住点是流动人口日常活动的重要空间节点。娱乐场所是常见的高危人员聚集地,经常为部分高危人员提供工作机会,同时,娱乐场所可为犯罪主体实施犯罪提供隐蔽能力,从而方便犯罪主体隐匿踪迹。李默池等[111]对10个犯罪类型与5个教育背景数据进行比较分析,结果表明犯罪人员从事的职业与犯罪类型具有相关性。此外,由于视频监控摄像头在一定程度上可以威慑犯罪分子、遏制犯罪行为[112],对盗窃高危人员的活动和犯罪行为可能具有一定的影响,本节使用9000条摄像头位置数据,构建相应的特征变量,用于解释盗窃犯罪风险。

综上,共选择了5个特征对盗窃风险进行解释。

(1) 盗窃高危人员被盘查点数量 C。盗窃高危人员被盘查的记录包括犯罪人信息和被检查的时间、地点及盘查事由。警务盘查即询问和检查,是公安民警对人流量大的场所、交通检查站、居民区等重要场所进行的日常检查工作。盗窃高危人员被盘查的区域往往代表盗窃高危人员出现的轨迹,多为高速路段路口、大型活动场所的入口和地铁口,出现的次数越多可能对应的犯罪风险越高。

(2) 盗窃高危人员网吧上网点数量 B。犯罪人在网吧的记录包括犯罪人信息和犯罪人的上机时间、网吧地址和具体的机位号。网吧上网人员往往较为复杂,部分监管不力的网吧存在社会安全隐患,而过度上网也可能刺激上网人员产生负面情绪增加盗窃高危人员的犯罪风险。

(3) 盗窃高危人员文娱旅店从业地点数量 H。盗窃高危人员在文娱旅店从业的记录包括人员信息和人员的入职时间、旅店和酒店地址。公安民警会对辖区内的文娱旅店进行日常检查工作。文娱场所是高犯罪风险分布区域,盗窃高危人员在高风险区域的从业活动,往往影响其在该区域或周边区域的犯罪目标选择和犯罪行为。

(4) 盗窃高危人员中流动人口暂住点数量 F。流动人口的暂住地信息包括流动人口的信息、流动人口暂住地、居住时间。居委会工作人员对各自辖区内的社区人员进行检查,将流动人口记录录入电子系统,以便公安民警查看。流动人口犯罪近年来广受关注[113],流动人口中盗窃高危人员的暂住地周边也可能成为盗窃犯罪的高风险区域。

(5) 摄像头分布数量 E。摄像头信息包括每个摄像头的地址,由电子系统直接提供。摄像头的分布在一定程度上会起到威慑犯罪分子的作用[112],从而影响盗窃高危人员活动和犯罪行为,间接影响盗窃犯罪风险的分布。

原始数据中,仅提供了盗窃高危人员被盘查轨迹、盗窃高危人员网吧上网轨迹、盗窃高危人员文娱旅店从业地点、盗窃高危人员流动人口暂住点、摄像头的分布地址,未给出经纬度坐标。因此,选用 XGeoCoding 工具对以上地址进行地理信息解码,导入 ArcGIS 软件中进行统计和分析。

各特征对应的数值由以下方法处理得到:

(1) 将解析完成的各地址的经纬度导入 GIS 软件,对导入的数据显示 XY 坐标,X 字段:LNGB,Y 字段:LATB。

(2) 计算每个辖区内盗窃高危人员被盘查轨迹点总数 C、盗窃高危人员网吧上网轨迹点总数 B、盗窃高危人员文娱旅店从业地点总数 H、盗窃高危人员流动人口暂住地点总数

F、摄像头的分布地址总数 E,盗窃案总数 T。

进行数据分析前,首先对数据集中的所有变量按照公式(5-43)进行标准化,分析结果如下。

(1) 多元线性回归模型的预测结果

表 5-7 所示为多元线性回归模型的参数检验结果以及各特征与盗窃犯罪数量(T)之间的 R^2 值。

表 5-7　多元线性回归模型参数检验结果及 R^2 值

观测个数	阿凯克信息准则(AIC)	R^2	校正 R^2	β_C	β_B	β_H	β_F	β_E
445	−1235	0.598	0.594	0.072#	0.090*#	0.847*#	0.026#	0.275*#

* 表示 t 检验的 p 值小于 0.05;# 表示 VIF 的值小于 7.5。

从表 5-7 所示的性能指标评价结果来看,校正 R^2 大于 0.59,表明回归方程中轨迹数量和摄像头分布特征能解释盗窃犯罪数量大约 59% 的变化,整个模型特征选择构建具有比较强的相关性。各特征与盗窃风险之间均呈现正相关关系,其中盗窃高危人员文娱旅店从业地点数量的相关系数值最大($\beta_H = 0.847$),表明与盗窃犯罪数量(T)相关性最高,说明盗窃行为常发生在酒店和娱乐场所附近,这与日常活动理论和犯罪模式理论是一致的。其次为摄像头分布数量系数($\beta_E = 0.275$),摄像头数量与盗窃案数量之间存在正相关关系,即在摄像头附近盗窃案发生的可能性较大,这一结果与"摄像头可能对盗窃犯罪产生威慑和抑制作用"的通常认识并不相符。其他特征的系数均低于 10%,但存在的正相关关系与现有研究结果是一致的。显著性检验 t 检验中盗窃高危人员文娱旅店从业地点数量、盗窃高危人员网吧上网轨迹数量和摄像头分布数量的 p 值均小于 0.05,表明这三个特征均与盗窃风险显著相关。五个特征变量 VIF 均小于 7.5,表明无冗余变量,特征变量之间不存在多重共线性。

(2) 机器学习回归模型的预测结果

本节采用 8 种机器学习模型研究盗窃高危人员轨迹点数量与盗窃风险之间的关系,结果如表 5-8 所示。

表 5-8　基于机器学习模型的盗窃高危人员轨迹与盗窃风险相关关系计算结果

机器学习模型	R^2	$RMSE$
支持向量机(线性核)	0.111	0.087
支持向量机(多项式核)	−0.118	0.099
支持向量机(高斯核)	0.092	0.062
随机森林	0.532	0.062
极端随机树	0.544	0.063
随机梯度提升决策树	0.612	0.059
K 近邻(平均回归)	0.532	0.064
K 近邻(距离加权回归)	0.524	0.063

从表 5-8 所示的性能指标评价结果来看,集成回归模型(随机森林、极端随机树和随机梯度提升决策树)的 R^2 介于 0.532~0.612 之间,$RMSE$ 值介于 0.059~0.064 之间,其中,随机梯度提升决策树的 R^2 最高,为 0.612,$RMSE$ 值最小为 0.059。随机梯度提升决策树的 R^2 高于 K 近邻回归模型(采用平均回归的方式配置 K 近邻回归器和采用距离加权回归的方式配置 K 近邻回归器)的 R^2(0.524~0.532)。这一结果同样高于多元线性回归的校正 R^2(0.598)。支持向量机模型的 R^2 均低于 0.2,回归性能较差。

(3)地理加权回归模型的预测结果

地理加权回归模型的实现采用了 ArcGIS 10.2 中的 GWR 工具。其中模型带宽的计算运用 AIC 的方法,参数估计及检验结果如表 5-9 所示。模型的拟合优度为 -1255,相比 OLS 的 -1235 有一定的提高。GWR 模型的 R^2(0.649)大于随机梯度提升决策树模型的 R^2(0.612),考虑了空间相关性的 GWR 模型,比随机梯度提升决策树和 OLS 的性能更好,GWR 模型可以在一定程度上解释这一模式的合理性,即在活动空间附近有更高的犯罪。将空间位置作为全局模型中的参数加入建模和运算之后,在不同区域的盗窃高危人员轨迹特征和摄像头分布特征的对盗窃数量的影响程度是不一致的,在人口较密集地区尤为明显。

表 5-9　GWR 模型参数估计及检验结果

参 数 名 称	参数英文名称	结　　果
带宽	Bandwidth	0.24
残差平方和	ResidualSquares	1.42
平衡点数值	EffectiveNumber	34.6
标准化剩余平方和的平方根	Sigma	0.058
信息量准则	AIC	-1255
拟合优度	R^2	0.649
矫正拟合优度	Adjusted R^2	0.62

图 5-9 所示为 GWR 模型(a)与 OLS 模型(b)的标准化残差空间对比分布,可见图(a)中残差绝对值分布在 1.5~2.5 之间的辖区有 31 个,面积占 2%,残差绝对值分布在 0.5~1.5 之间的辖区有 124 个,面积占 10.26%,残差绝对值分布在 0.5 以内的辖区有 276 个,面积占 86.13%,残差绝对值分布大于 2.5 的辖区有 14 个,面积仅占 1.61%。在图(b)中标准化残差绝对值分布在 1.5~2.5 之间的辖区有 27 个,面积占 2%,残差绝对值分布在 0.5~1.5 之间的辖区有 120 个,面积占 18.14%,残差绝对值分布在 0.5 以内的辖区有 281 个,面积占 76.21%,标准化残差绝对值分布大于 2.5 的有辖区 17 个,面积占 3.651%。GWR 标准化残差绝对值分布大于 0.5 的辖区面积(11.86%)小于 OLS 的面积辖区(21.94%),GWR 标准化残差值分布在 -0.5~0.5 之间的辖区面积(86.13%)明显多于 OLS 的面积辖区(76.21%)。可以看出在考虑了空间要素的影响之后,标准化残差分布在合理范围内的区域明显增多。同时也说明了盗窃高危人员不同的轨迹特征和摄像头分布特征在不同区域对盗窃犯罪数量影响的权重值不同。

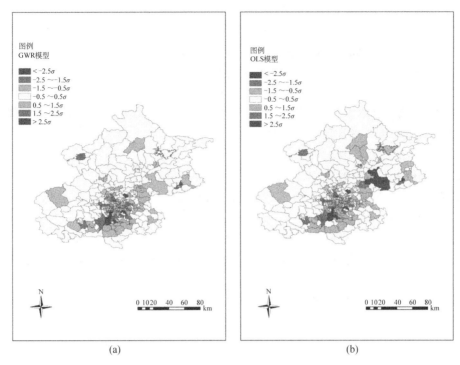

图 5-9　GWR 模型与 OLS 模型标准化残差空间对比分布图(见文前彩图)

5.5　关联规则分析法

关联规则分析是指在大量的数据集中发现其部分数据的内在关联性或相关性,从而发现某些属性出现的规律和模式,查找存在于项目集合或对象集合之间的频繁模式、相关性或因果结构。在关联规则分析中常用到以下定义:①项集:指项的集合;②频繁项集:指相对支持度满足预定义的最小支持度阈值的项集。

5.5.1　基于 Apriori 的关联规则挖掘方法

Apriori 算法是关联规则分析法中最常用、最经典的挖掘频繁项集的算法,核心思想是通过连接产生候选项及其支持度,通过剪枝生成频繁项集。它利用逐层搜索的迭代方法找出数据库中项集的关系以形成规则,其过程由连接(类矩阵运算)与剪枝(去掉没必要的中间结果)组成,其核心是基于两阶段频集思想的递推算法。该关联规则在分类上属于单维、单层、布尔关联规则。Apriori 算法遵循如果某个项集是频繁项集则所有子集也是频繁的原理。例如,如果{0,1}是频繁的,那么{0},{1}也一定是频繁的。频繁项集必须满足一定的支持度(5-59)和最小可信度(5-60),并用提升度(5-61)反映关联规则中的项集 X 与项集 Y 的相关性。如公式(5-59)所示,支持度表示所有项集库 D 中同时包含项集 X 和项集 Y 的百分比;如公式(5-60)所示,置信度表示在所有项集 D 中包含项集 X 的前提下还包含项集 Y 的事件概率;如公式(5-61)所示,提升度表示关联规则的项集 X 和项集 Y 之间的关联性,当提升度＞1 且越高时,表明正相关性越高,当提升度＜1 且越低时,表明负相关性越高,当提升度＝1时，表明没有相关性。

$$Support(X \rightarrow Y) = P(X \bigcup Y) = P(X \bigcap Y) \tag{5-59}$$

$$Confidence(X \rightarrow Y) = P(Y \mid X) \tag{5-60}$$

$$Lift(X \rightarrow Y) = \frac{P(X \bigcap Y)}{P(X)P(Y)} \tag{5-61}$$

Apriori 算法的基本思想是：找出所有的频繁项集，由频繁项集产生强关联规则，这些规则必须满足最小支持度和最小可信度。

Apriori 算法的基本步骤是：

（1）遍历待挖掘的数据库，将频繁"1 项集"L_1 寻找出来；

（2）根据 L_1 找频繁"2 项集"的集合 C_2，并剪掉不满足支持度阈值的项，得到 L_2；

（3）根据 L_2 找频繁"3 项集"的集合 C_3；

（4）根据性质和支持度阈值进行剪枝，得到 L_3；

（5）循环上述过程，直到产生最多项的频繁项集（即直到不能发现更大的频繁项集 L）为止；

（6）通过计算最大频繁项集 L 的非空子集，两两计算置信度，得到大于置信度阈值的强关联规则。

根据上述基本步骤，Apriori 算法流程概述如表 5-10 所示。其中，L_k 表示频繁 k 项集，D 表示事务数据库，min_sup 表示最小支持度，C_k 表示候选数据集的 k 项集合。

表 5-10　Apriori 算法流程

```
Procedure apriori (D, min_sup)
    L₁＝find_frequent_1－itemsets(D)
    for(k＝2;L_{k−1}≠φ;k＋＋){
        C_k＝apriori_gen (L_{k−1}, min_sup)
        for each transaction t in D {
            C_t＝subset (C_k, t)
            for each candidate c∈ C_t
                c.count＋＋
        }
        L_k＝{ candidate c∈ C_t| c.count>＝min_sup}
}
Return L＝⋃_kL_k;
连接(join)
Procedure apriori_gen (L_{k−1}; min_sup)
        for each l₁∈ L_{k−1}
            for each l₂∈ L_{k−1}
                if ( (l₁[1]＝l₂[1])&&(l₁[2]＝l₂[2])&& ……&& (l₁[k−2]＝l₂[k−2])&&
( l₁[k−1]<l₂[k−1]) )
                    then {
                        c ＝ l₁⊕l₂
                        if has_infrequent_subset (c, L_{k−1}) then
                            delete c
                        else add c to C_k;
                        }
```

续表

$$Return\ C_k$$
剪枝(prune)
Procedure has_infrequent_sub (c, L_{k-1})
　　　for each (k－1)－subset s of c
　　　　if s $\notin$ L_{k-1} then
　　　　　Return true
　　　Return false

5.5.2　方法应用

经典的关联规则数据挖掘算法 Apriori 算法广泛应用于各领域,通过对数据的关联性进行分析和挖掘,挖掘出的这些信息在决策制定过程中具有重要的参考价值。

以盗窃案为例,通过关联规则分析,不仅能掌握犯罪分子实施侵财类犯罪的选择偏好,而且能探究盗窃案件的各个特征属性之间存在的关联性,发现盗窃案的发生规律以及犯罪嫌疑人的作案模式,能极大地提高执法人员的办案效率。

案例中所选取的数据来源于 ZS 市 2008—2014 年的实际盗窃类案件。ZS 市位于我国南部平原地带,交通便利,人口众多,气候适宜居住,对我国南部同等规模的大型城市具有一定程度的代表性。本案例首先通过对数据进行提取关键字、处理时间特征等数据处理工作,得到一份标准的数据,再利用 Apriori 算法对数据进行分析,最后得到的结果如表 5-11所示。表中的结果表示,盗窃案发生时,在工作日的城区中发生危害程度为一般的盗窃案的置信度为 0.8;在工作日的城区中发生盗窃案的置信度为 0.9[114]。

表 5-11　关联规则分析结果

案件名称	特 征 关 联	关 联 结 果
盗窃	犯罪时段为工作日,犯罪地点为城区	80%的置信度危害程度为一般
	犯罪时段为工作日	90%的置信度犯罪地点为城区

5.6　本章小结

本章介绍了时序分析、空间分析、分类分析、回归分析、关联规则分析五种基于数据挖掘的方法。在社会安全风险分析中,时序分析、空间分析通常利用案事件历史数据,分析事件的时空热点,从而得到不同时空、不同空间的风险分布;分类分析、回归分析中包含了大量的机器学习方法,既可以用来预测事件发生的概率、后果,也可以用来分析风险源或风险要素的性质、特点;关联规则分析则可以用来分析风险要素之间或风险要素与风险之间的关联性。基于数据挖掘的方法主要适用于数据充足、来源丰富的社会安全事件风险分析,例如,盗窃等侵财类刑事犯罪的风险分析,而对于数据样本数量少的事件(如恐怖袭击事件),在城市、社区尺度下的风险分析则并不适用。

参 考 文 献

[1] 巴里·布赞,等. 全球化与认同:世界社会是否可能?[J]. 浙江大学学报:人文社会科学版预印本,
2010(5):7-16.

[2] 贾江华. 社会安全:意义与结构[J]. 求实,2004(s4):181-183.

[3] 魏永忠,吴绍忠. 论城市社会安全与稳定预警等级指标体系的建立[J]. 中国人民公安大学学报:社
会科学版,2005. 21(4):150-155.

[4] 郑杭生,洪大用. 中国转型期的社会安全隐患与对策[J]. 中国人民大学学报,2004(2):6-13.

[5] 刘跃进. 国家安全体系中的社会安全问题[J]. 中央社会主义学院学报,2012(2):95-99.

[6] 魏永忠. 论我国城市社会安全指数的预警等级与指标体系[J]. 中国行政管理,2007(2):91-96.

[7] 薛澜,钟开斌. 突发公共事件分类、分级与分期:应急体制的管理基础[J]. 中国行政管理,
2005(2):104-109.

[8] Cohen L E, Felson M. Social Change and Crime Rate Trends: A Routine Activity Approach[J].
American Sociological Review, 1979:588-608.

[9] Brantingham P L, Brantingham P J. Environment, Routine and Situation: Toward a Pattern Theory
of Crime[J]. Advances in Criminological Theory, 1993,5(2):259-294.

[10] Hsiang SM, Marshall B, Edward M. Quantifying the influence of climate on human conflict[J].
Science 2013(341):1212.

[11] Mares D M, Moffett K W. Climate change and interpersonal violence: A "global" estimate and
regional inequities[J]. Climatic Change, 2016,135(2):297-310.

[12] Bell P A. In defense of the negative affect escape model of heat and aggression[J]. Psychological
Bulletin, 1992,111(2):342-346.

[13] Hu X, Chen P, Huang H, et al. Contrasting impacts of heat stress on violent and nonviolent
robbery in Beijing, China[J]. Natural Hazards, 2017,87(2):961-972.

[14] 黄鸿志,陈鹏,陈建国. 突发性群体事件实时决策中的情景演变路径与应对分析[J]. 中国人民公安
大学学报:社会科学版,2015. 31(3):85-89.

[15] 陈鹏,陈建国,袁宏永. 群体性暴力行为的多主体建模研究综述与思考[J]. 系统仿真学报,
2015(3):439-447.

[16] 黄鸿志,陈鹏. 突发性群体事件的突变行为分析与防控策略[J]. 中国人民公安大学学报:社会科学
版,2014(6).

[17] 陈鹏,陈建国. 突发性群体暴力活动的多主体建模研究[J]. 计算机仿真,2015,32(1):377-381.

[18] LaFree G, Dugan L. Introducing the Global Terrorism Database[J]. Terrorism and Political
Violence, 2007,19(2):181-204.

[19] LaFree G. The Global Terrorism Database: Accomplishments and Challenges[J]. Perspectives on
Terrorism, 2010,4(1):2003-2016.

[20] Siebeneck L K, Medina R M, Yamada I, et al. Spatial and temporal analyses of terrorist incidents in
Iraq, 2004-2006[J]. Studies in Conflict & Terrorism, 2009,32(7):591-610.

[21] 邓雪,等. 层次分析法权重计算方法分析及其应用研究[J]. 数学的实践与认识,2012,42(7):
93-100.

[22] 龚志伟. 基于层次分析法和模糊综合评价的云南省毒品犯罪形势评估[J]. 云南警官学院学报,
2017(2):6-12.

[23] 张吉军. 模糊层次分析法(FAHP)[J]. 模糊系统与数学, 2000(2): 82-90.

[24] Yager, Ronald R., and Liping Liu, eds. Classic works of the Dempster-Shafer theory of belief functions[M]. Springer, 2008.

[25] 李文立, 郭凯红. D-S 证据理论合成规则及冲突问题[J]. 系统工程理论与实践, 2010, 30(8): 1422-1432.

[26] Tang Z, Li Y, Hu X, et al. Risk analysis of urban dirty bomb attacking based on bayesian network [J]. Sustainability, 2019, 11(2): 306.

[27] 许雪燕. 模糊综合评价模型的研究及应用[D]. 成都: 西南石油大学, 2011.

[28] 李林浩. 基于层次分析法和模糊综合评价法的供应链应急能力评价研究[D]. 济南: 山东财经大学, 2012.

[29] 吴丽萍. 模糊综合评价方法及其应用研究[D]. 太原: 太原理工大学, 2006.

[30] 胡啸峰, 等. 基于 WRF 的"脏弹"恐怖袭击辐射剂量评估方法[J]. 科学技术与工程, 2017(1): 125-129.

[31] Neapolitan R E. A survey of uncertain and approximate inference[C]//Fuzzy logic for the management of uncertainty. 1992.

[32] 熊立文. 贝叶斯决策理论与归纳逻辑[J]. 北京师范大学学报(社会科学版), 2005(2): 108-113.

[33] Howson C, P Urbach. Scientific reasoning: the Bayesian approach[J]. Journal of the royal statistical society, 1989, 102(4): 387-387.

[34] Pearl J. Fusion, propagation, and structuring in belief networks. Artificial Intelligence 29, 241-288 [J]. Artificial Intelligence, 1986, 29(3): 241-288.

[35] Bouchaala L, Masmoudi A, Gargouri F, et al. Improving algorithms for structure learning in Bayesian Networks using a new implicit score[J]. Expert Systems with Applications, 2010, 37(7): 5470-5475.

[36] 陈蔚, 高晓路, 沈振江. 多主体系统在城市发展模拟中的应用[J]. 地理科学进展, 2012, 31(6): 761-767.

[37] 倪建军, 李建, 范新南. 基于多 Agent 复杂系统仿真平台研究[J]. 计算机仿真, 2007(12): 283-286.

[38] 沈体雁, 李迅. 基于多主体的城市微模拟平台 Grid ABGIS 研究[J]. 北京大学学报(自然科学版), 2007(4): 502-508.

[39] 陈鹏, 陈建国, 袁宏永. 基于 Agent 的突发性群体事件人群聚集效应分析[J]. 计算机工程与应用, 2014, 50(24): 21-26.

[40] 陈鹏, 洪卫军, 张萌. 突发性群体暴力事件的复杂特征与动态模型研究[J]. 北京理工大学学报(社会科学版), 2015, 17(2): 95-99.

[41] 胡啸峰, 林艳, 陈鹏, 等. 城市"脏弹"恐怖袭击风险评估方法研究[J]. 中国公共安全(学术版), 2015(4): 35-38.

[42] 许江涛. 地下水数值模拟研究[J]. 山东工业技术, 2014(16): 68.

[43] Jeong H, Park M, Jeong H, et al. Radiological risk assessment caused by RDD terrorism in an urban area[J]. Applied Radiation & Isotopes, 2013, 79: 1-4.

[44] Jeong H J, Hwang W T, Kim E H, et al. Radiological risk assessment for an urban area: Focusing on an air contamination event[J]. Annals of Nuclear Energy, 2010, 37(6): 791-797.

[45] 王海洋, 曾志, 刘立业, 等. "脏弹"恐怖袭击烟团剂量计算方法[J]. 清华大学学报(自然科学版), 2009, 49(2): 168-171.

[46] 刘晓玲. 高斯气团模式的研究和改进[J]. 硅谷, 2011(11): 98-99.

[47] Kaasik M，Kimmel V. Validation of the improved AEROPOL model against the Copenhagen data set[J]. International Journal of Environment & Pollution，2003，20(1-6)：114-120.

[48] Briggs G A. Plume Rise Predictions[M]//in American Meteorology Society. 1975：Boston，MA.

[49] EPA U. A Comparison of Calpuff Modeling Results to Two Tracer Field Experiments[M]. 1998.

[50] Elbir T. Comparison of model predictions with the data of an urban air quality monitoring network in Izmir，Turkey[J]. Atmospheric environment，2003，37(15)：2149-2157.

[51] Hanna S R，B A Egan，et al. Evaluation of the ADMS，AERMOD，and ISC3 dispersion models with the OPTEX，Duke Forest，Kincaid，Indianapolis and Lovett field datasets[J]. International Journal of Environment and Pollution，2001. 16(1-6)：301-314.

[52] Willis G E，Deardorff J W. A laboratory study of dispersion from a source in the middle of the convectively mixed layer[J]. Atmospheric Environment (1967). 1981. 15(2)：109-117.

[53] Snyder W H，R S Thompson and E. Al. The structure of the strongly stratified flow over hills：dividing streamline concept. Journal of Fluid Mechanics[J]，1985(152)：249-288.

[54] Carruthers D J，D R J Holroy and E Al. UK-Adms—a new approach to modeling dispersion in the earths atmospheric boundary-layer. Journal of Wind Engineering and Industrial[J]，1994. 52(1-3)：139-153.

[55] Carruthers D J，Edmunds H A，Lester A E，et al. Use and validation of ADMS-Urban in contrasting urban and industrial locations[J]. International Journal of Environment & Pollution，2000，14(1-6)：364-374.

[56] Berkowicz R，Olesen H R，Torp U. The Danish Gaussian Air Pollution Model (Oml)：Description，Test and Sensitivity Analysis in View of Regulatory Applications[M]//Air Pollution Modeling and Its Application V. Springer US，1986.

[57] EPA U. A Comparison of Calpuff Modeling Results to Two Tracer Field Experiments[J]. 1998.

[58] 刘爱华,蒯琳萍.放射性核素大气弥散模式研究综述[J].气象与环境学报,2011,27(4):59-65.

[59] Garten J F，C E Schemm and A R Croucher，Modeling the Transport and Dispersion of Airborne Contaminants：A Review of Techniques and Approaches[J]. Johns Hopkins Apl Technical Digest，2003. 24(4)：368-375.

[60] Jones A R，et al.The UK Met Office's next-generation atmospheric dispersion model，NAME Ⅲ [C].In Proceedings of the 27th NATO/CCMS International Technical Meeting on Air Pollution Modelling and its Application. 2004：New York，USA. 24-29.

[61] Webster H N，Carroll E B，Jones A R，et al. The Buncefield oil depot incident：a discussion of the meteorology[J]. Weather，2007，62.

[62] Robert L Walko，Craig J Tremback，Martin J Bell. The rams hybrid particle and concentration transport model(HYPACT) [DB/OL],2001-10-15.

[63] Mellor G L，Yamada T. A Hierarchy of Turbulence Closure Models for Planetary BoundaryLayers [J]. Journal of the Atmospheric Sciences，1974，31(7)：1791-1806.

[64] Mellor G L，Yamada T. Development of a turbulence closure model for geophysical fluid problems [J]. Reviews of Geophysics and Space Physics，1982，20(4)：851-875.

[65] Sofiev M，Siljamo P，Valkama I，et al. A dispersion modelling system SILAM and itsevaluation against ETEX data[J]. Atmospheric environment，2006，40(4)：674-685.

[66] Brandt J，Christensen J H，Frohn L M，et al. Operational air pollution forecasts from Europeanto local scale[J]. Atmospheric Environment，2001，35(supp-S1)：91-98.

[67] Baumann-Stanzer，K.，M. Hirtl and B.C. Krueger，Regional scale air quality forecasts for Austria [J]. 2005：Utrecht，The Netherlands. 12-16.

[68] Builtjes，P.J.H.，The LOTOS-Long Term Ozone Simulation project Summary Report，TNO Report TNO-MW-R92/240. 1992，Netherlands Organization for Applied Scientific Research：Utrecht，The Netherlands.

[69] de Leeuw，F.A.A.M. and H.J. van Rheineck Leyssius，Modeling study of SOx and NOx duringthe January 1985 smog episode. Water Air Soil Poll，1990. 51：357-371.

[70] M. van Loon，M. G. M. Roemer，and P.J.H. Builtjes. Model inter-comparison. In the framework of the review of the Unified EMEP model，TNO-Report R 2004/282. 2004.

[71] Gidhagen L，Johansson C，Langner J，et al. Urban scale modeling of particle numberconcentration in Stockholm[J]. Atmospheric environment，2005，39(9)：1711-1725.

[72] Langner J，Bergstrom R，Foltescu V. Impact of climate change on surface ozone anddeposition of sulphur and nitrogen in Europe[J]. Atmospheric environment，2005，39(6)：1129-1141.

[73] Langner J，Robertson L，Persson C，et al. Validation of the operational emergency response model at the Swedish Meteorological and Hydrological Institute using data from etex and the chernobyl accident[J]. Atmospheric Environment，1998，32(24)：4325-4333.

[74] Byun D，Schere K L. Review of the Governing Equations，Computational Algorithms，and Other Components of the Models-3 Community Multiscale Air Quality (CMAQ) Modeling System[J]. Applied Mechanics Reviews，2006，59(2)：51.

[75] Nickovic S，Kallos G，Papadopoulos A，et al. A model for prediction of desert dust cycle in the atmosphere[J]. Journal of Geophysical Research，2001，106(D16)：18113-18129.

[76] Spyrou C，Mitsakou C，Kallos G，et al. An improved limited area model for describing the dust cycle in the atmosphere[J]. Journal of Geophysical Research：Atmospheres，2010，115(D17)：211.

[77] Grell G A，Peckham S E，Schmitz R，et al. Fully coupled "online" chemistry within the WRF model [J]. Atmospheric environment，2005，39(37)：6957-6975.

[78] Jérme Chenevez，Baklanov A，Srensen J H. Pollutant Transport Schemes Integrated in a Numerical Weather Prediction Model：Model Description and Verification Results [J]. Meteorological Applications，2004，11(3)：265-275.

[79] Carmichael G R，Uno I，Phadnis M J，et al. Tropospheric ozone production and transport in the springtime in east Asia[J]. Journal of Geophysical Research，1998，103(D9)：10649.

[80] Dufour A，Amodei M，Ancellet G，et al. Observed and modelled "chemical weather" during ESCOMPTE[J]. Atmospheric Research，2005，74(1-4)：161-189.

[81] Stern R，Builtjes P，Schaap M，et al. A model inter-comparison study focussing on episodes with elevated PM10 concentrations[J]. Atmospheric environment，2008，42(19)：4567-4588.

[82] 黄弘，胡啸峰，申世飞,等. 基于 Lagrangian 模型与 Eulerian 模型耦合的建筑物周边气体扩散模拟 [J]. 清华大学学报(自然科学版)，2011(12)：112-118.

[83] Bou-Zeid，E，Shen，et al. Modeling and sensitivity analysis of transport and deposition of radionuclides from the Fukushima Dai-ichi accident[J]. Atmospheric Chemistry & Physics，2014.

[84] 胡啸峰，陈鹏，吴建松,等. 核事故下源项排放率对放射性物质大气扩散及沉降的影响[J]. 科学技术与工程，2015，v.15；No.360(35)：268-274.

[85] 郑超慧，吴建松，胡啸峰,等. 复杂街区脏弹恐怖袭击下放射性物质扩散模拟[J]. 中国安全科学学报，2018，28(9)：138-145.

[86] Box G E P，Jenkins G M，Reinsel G. Time series analysis：forecasting and control Holden-day San Francisco[J]. BoxTime Series Analysis：Forecasting and Control Holden Day1970，1970.

[87] 陈鹏，赵鹏凯，瞿珂. 基于时间序列模型的 110 警情数据预测研究[J]. 信息系统工程，2015(9)：130-133.

[88] 屈茂辉，郝士铭. 基于 ARMA 模型的我国财产类犯罪人数预测研究[J]. 中国刑事法杂志，2013，000(004)：100-106.

[89] 周鑫，张锦，李果，等. 基于乘积季节模型的 GPRS 小区流量预测[J]. 计算机工程，2010，036(018)：76-78.

[90] Bowerman，Bruce L，O'Connell，Richard T. Forecasting and time series：an applied approach[M]. 机械工业出版社，2003.

[91] 姜春雷，张树清，张策，等. 基于 SARIMA-BP 神经网络组合方法的 MODIS 叶面积指数时间序列建模与预测[J]. 光谱学与光谱分析，2017,37(1)：189-193.

[92] 孙振球，等. 医学统计学[M]. 北京：人民卫生出版社，2014.

[93] 颜峻，袁宏永，疏学明，等. 用于犯罪空间聚集态研究的优化聚类算法[J]. 清华大学学报(自然科学版)，2009,49(2)：176-178.

[94] 陈鹏，李锦涛，马伟. 犯罪热点的分析方法研究[J]. 中国人民公安大学学报：自然科学版，2012，18(3)：53-57.

[95] 王佳璆. 时空序列数据分析和建模[D]. 中山大学地图学与地理信息系统，2008.

[96] 董承玮，芮小平，邓羽，等. 基于空间自相关的支持向量机空间聚类研究[J]. 地理与地理信息科学，2014,30(4).

[97] Moran P. Notes on continuous stochastic phenomena Biometrika 37：17-23[J]. Find this article online，1950.

[98] 司亚莉. 消时间趋势的时空序列 Moran's I 模型[D]. 南京：南京师范大学地理科学学院，2017.

[99] Anselin L. Local indicators of spatial association—LISA[J]. Geographical analysis，1995,27(2)：93-115.

[100] 周志华. 机器学习[M]. 北京：清华大学出版社，2016.

[101] Quinlan J R. Induction of decision trees[J]. Machine learning，1986,1(1)：81-106.

[102] 张良均. Python 数据分析与挖掘实战[M]. 北京：机械工业出版社，2016.

[103] Hearst M A，Dumais S T，Osuna E，et al. Support vector machines[J]. IEEE Intelligent Systems and their applications，1998,13(4)：18-28.

[104] Howson C，Urbach P. Scientific reasoning：the Bayesian approach［M］. Open Court Publishing，2006.

[105] 方匡南，吴见彬，朱建平，等. 随机森林方法研究综述[J]. 统计与信息论坛，2011,26(3)：32-38.

[106] 邵一希，李满春，陈振杰，等. 地理加权回归在区域土地利用格局模拟中的应用——以常州市孟河镇为例[J]. 地理科学，2010,30(1)：92-97.

[107] 覃文忠，王建梅，刘妙龙. 地理加权回归分析空间数据的空间非平稳性[J]. 辽宁师范大学学报(自然科学版)，2005,28(4)：476-479.

[108] Nakaya T，Fotheringham A S，Brunsdon C，et al. Geographically weighted Poisson regression for disease association mapping[J]. Statistics in medicine，2005,24(17)：2695-2717.

[109] 张耀军，任正委. 基于地理加权回归的山区人口分布影响因素实证研究——以贵州省毕节地区为例[J]. 人口研究，2012,36(4)：53-63.

[110] 柏纯洁. 青少年网吧犯罪研究[J]. 云南社会主义学院学报，2014(3)：158-159.

[111] 李墨池，张振声.服刑人员教育背景、原从事职业、年龄与犯罪类型的相关性研究[J].天津职业院校联合学报，2019,21(8)：102-107.

[112] 奚永忠，邱志恒.公安侦查工作中视频监控的应用及作用[J].产业与科技论坛，2017,16(3)：75-76.

[113] 雷玉袍.我国流动人口犯罪的刑事对策研究[D].开封：河南大学，2011.

[114] 卢子涵，胡啸峰，邱凌峰.基于机器学习的侵财类案件危害程度分析[J].中国安全生产科学技术，2019,15(12)：29-35.

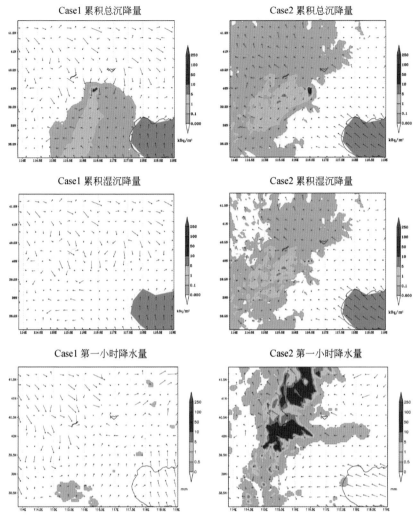

图 4-7　沉降量与降水量分布

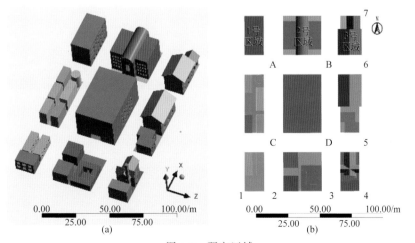

图 4-8　研究区域

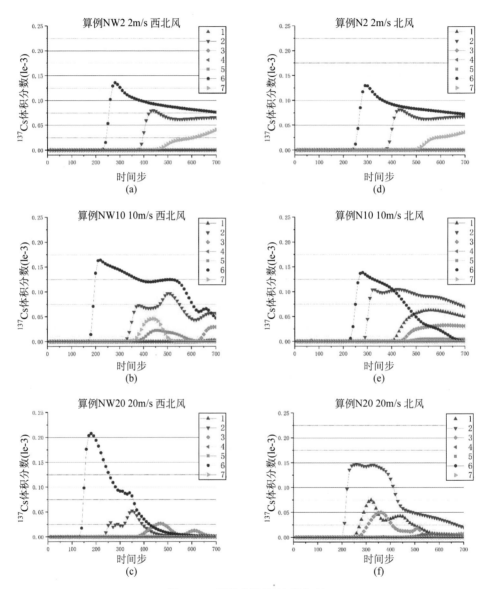

图 4-10　观测点^{137}Cs 浓度分布

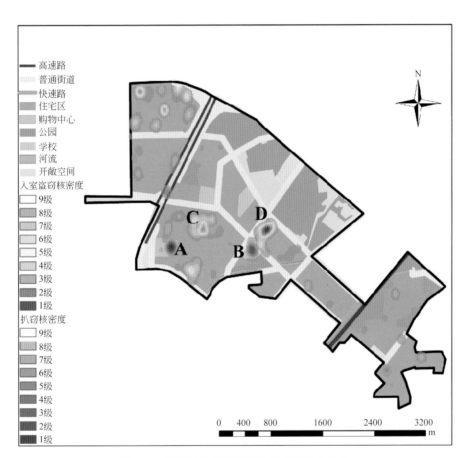

图 5-4　扒窃与入室盗窃案件的空间热点分析

以下为图例文字：

高速路
普通街道
快速路
住宅区
购物中心
公园
学校
河流
开敞空间

入室盗窃核密度
9级
8级
7级
6级
5级
4级
3级
2级
1级

扒窃核密度
9级
8级
7级
6级
5级
4级
3级
2级
1级

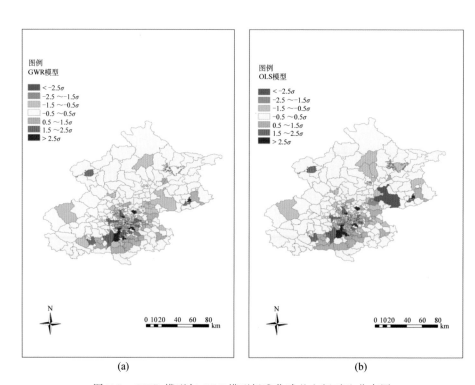

图 5-9　GWR 模型与 OLS 模型标准化残差空间对比分布图